定年起業を始めるなら
この1冊！

定年
ひとり
起業

大杉潤

自由国民社

はじめに

この本は、人生１００年時代になって定年後が30年以上になる会社員が多くなってくる今後の日本で、老後資金２０００万円不足問題など「お金」の不安を一切感じなくてすむための決定策として、「定年ひとり起業」という働き方を提案している書です。

33年以上の会社員生活を卒業して、５年半前に独立起業してフリーランスとして活動しながら、間もなく63歳になって厚生年金（比例報酬部分）を受給し始める私の経験と、大好きな趣味でもあるビジネス書を1万冊以上読み尽くしてようやく到達した「幸せな人生」を送るための道筋とノウハウのすべてを、本書に惜しみなく注ぎ込みました。

大袈裟に言えば、これまで63年近くの私の人生をかけて学び、実践してきたキャリア開発と人生設計のすべて、失敗したことも成功したことも包み隠さず、洗いざらい公開・解説して読者の皆さんの人生に役立てていただくために、再現性あるメソッドとしてお届けしようという強い想いと最大限の情熱を持って書いた本です。

申し遅れましたが、私 大杉潤は、間もなく63歳を迎えるのを機に、「年金受給開始年齢の移行期間」の年金をもらい始める「定年世代」です。

大学卒業後に、大手金融機関の日本興業銀行（現みずほ銀行）に入行し、22年間、銀行員として勤務しました。

45歳を迎える直前の時期を最初に3回の転職を経て、２０１５年に57歳でビジネスパーソンを卒業し、現在はフリーランスで企業研修講師、コンサルティングや執筆業などの仕事をしています。

私が定年前に起業して、フリーで仕事をすることにした理由は、人生100年時代を前にして、多くの40代・50代・60代の皆さんが、今感じているのと同じように、定年後の長い人生に大きな不安を感じたからです。

会社員のまま過ごしていれば安定は得られますが、定年再雇用を選択したとしても65歳までしか会社で働くことはできません。

その先の人生の方が長く、65歳以降も仕事を継続して収入を維持していきたいと考えたのです。

そのためには、「雇われる働き方」ではなく、自ら事業を起こす必要があると考え、そのために転職も3回行って、様々な業務経験を積んできました。

最初の転職先は東京都で、金融ベンチャーの創業メンバーとして、新しい銀行（東京都が出資する新銀行東京）の立ち上げというプロジェクトに4年間、従事しました。

2回目の転職、勤務としては3社目になりますが、人材関連の会社で2年間、新たな業務経験を積み、最後の4社目はグローバルな展開をするメーカーで約6年を過ごしました。

こうした様々な業種の会社での経験と、いずれ独立起業を念頭に置いて準備した活動があって、57歳で「定年前起業」を果たしたのです。

その結果、60歳という節目の年でも定年によって仕事や収入をダウンサイジングさせることもなく、むしろ仕事を拡大・発展させていく方向で働き続けることが可能になりました。

「定年後の3大不安」と言われる「お金」「孤独」「健康」（3K不安）をいっぺんに解決する最良の方法が、「85歳まで現役で働く」というのが、私の持論です。

85歳まで現役で働けば、たとえ100歳まで生きるとしても余生は15年、人生80年時代に65歳まで働くのと同じ期間になるからです。

とくに65歳以降も働き続けることによって、年金に加えた収入が確保できるため「お金」の不安が減ってくることが心の安定をもたらします。

また、仕事を続ければ、それに関わる仲間や人間関係ができてきて、「孤独」の不安も感じることがありません。

さらに、働くことによって毎日、規則正しい生活が維持され、気持ちの上でも収入を得るプロとして緊張感を持って過ごすことで心身の健康にもプラスになるでしょう。

私の場合は、後ほど詳しく述べますが、85歳までということではなく、その先の年齢も含めて、働く期間を3つのフェーズに分けて考えることで、「生涯現役」というライフスタイルを目指しています。

これは「トリプルキャリア」という考え方で、3年前に出版した拙著**『定年後不安人生100年時代の生き方』**（**角川新書**）に詳しく記しました。興味ある方はぜひそちらも併せてお読みいただければと思います。

このように定年を迎える会社員が、「働く期間」を自分で決められる働き方、すなわち「雇われない働き方」へと最もスムースに移行できる方法が、「定年ひとり起業」なのです。

本書では、これまでずっと会社員として働いてきたキャリアの人が、70歳まで働く時代を迎えて、50代からいかに準備をして「定年ひとり起業」という新しい働き方に移行するかを具体的、実践的に解説しています。

私は60歳定年の3年前、57歳で起業して5年が経ち、間もなく63歳で年金（厚生年金の比例報酬部分のみ）を受給しながらフリーランスとして現役で働き続けるという働き方になりました。

なぜ私がそういう働き方を選択したのか、そのメリットと苦労したこと、そのための準備や上手くいったこと、失敗したことなど、私の経験のすべてを本書ではリアルに開示いたします。

また、私と同じように会社員から中高年で起業した人、専業主婦から中高年になって起業した人のケースも具体的に紹介していきます。

私を含めて、いずれも普通の会社員や専業主婦として長年過ごしてきた中高年の人たちです。

詳しくは本文で説明していきますが、年金プラスアルファの収入を目指す「定年ひとり起業」には皆さんが考えているほどのリスクはなく実はハードルが低い、というのが私の実感です。

若者が一獲千金を夢見て、ＩＰＯ（株式公開）を目指して起業し、大きな投資をする起業とは全く違うコンセプトの「起業のカタチ」なのです。

老後マネープランは「ＷＰＰ」と「トリプルキャリア」

社会保障制度研究の第一人者と言われる権丈善一・慶應義塾大学教授は、公的年金が破綻するのではないかと誤認する人が多い現状を憂えて、これからは「ＷＰＰ」の時代になる、と述べています。

人生のマネープランを野球のピッチャーに例えて、「先発」が「ワークロンガー」(Work longer＝継続就業)すなわち長く働くこと、「中継ぎ」がプライベートペンション(Private pensions＝私的年金)、「抑え」がパブリックペンション(Public pensions＝公的年金)だ、としています。

それぞれの英語頭文字をとって「ＷＰＰ」と呼んでいます。

Work longer（継続就業、長く働く）　先発
Private pensions（私的年金）　中継ぎ
Public pensions（公的年金）　抑え

老後マネープランでは、「先発」がしっかりと長いイニングを投げることがゲーム(という人生)を作るうえで最も大切で、私も全く同感です。

そのうえで最後の「抑え」につなぐイニングをできるだけ後ろ倒しにする。「抑え」の公的年金は終身での受給が保証されている素晴らしい制度です。

但し、抑えの期間があまり長くなると体力が持たないので、できる限り登板を後ろのイニングへ繰り下げて、十分な金額を確保することがお勧めです。

そして「先発」から「抑え」の間の「中継ぎ」となる私的年金については、退職金、企業年金、個人年金、預貯金など資産運用で賄うのです。

定年前後の年齢になると、民間金融機関は、公的年金は当てにならないという理屈で、退職金での投資や資産運用を勧めてきますが、**長く銀行員として仕事をしてきた経験から分かるのですが、それは極めて危険なアドバイスなのです。**

老後マネープランの主役は、まず「先発」のワークロンガー（長く働くこと）であり、そして次に「抑え」のパブリックペンション（公的年金）なのです。

投資や資産運用ももちろん大切なのですが、それはあくまで「中継ぎ」という脇役、3番目の役割です。

そして「長く働く」ということに関して、私は長い期間だからこそ、働く期間を3つに分けてライフシフトをしていく「トリプルキャリア」を提唱しています。

ファースト・キャリアは会社員としての「雇われる働き方」です。

毎月、決まった給料が得られる安定はありますが、働く場所・時間・仕事内容に関して自由度はありません。

セカンド・キャリアは定年後の「雇われない働き方」で、「定年ひとり起業」が誰でもハードルが低い選択肢になってきました。

ここでは、働く場所も時間も、仕事の内容も自分で決めることができます。

普通はそこで徐々にフェードアウトしながら引退と考えますが、私は75歳前後になったタイミングで、健康面・体力面を考慮して、ライフワークに絞り込んだ理想の働き方へチェンジしていくサード・キャリアへ移行することで、生涯現役で働き続けることを推奨しています。

これが「トリプルキャリア」という考え方で、人生の後半が最も充実して幸せな生き方ができるのではないかと私は考えています。

「定年ひとり起業」というセカンド・キャリアを選択したうえで、さらにサード・キャリアも展望していく「トリプルキャリア」を実践していくことにより、老後マネープランもしっかりと立てられ、「お金」「孤独」「健康」の定年後3大不安とは無縁の人生設計が描けるでしょう。

本書の構成ですが、序章では、70歳まで働く時代がやってきたことと、定年退職を迎える60歳時点で、「定年ひとり起業」が最強の選択肢であることを説明します。

第1章では、「定年ひとり起業」とは何か、その定義を明らかにします。なぜ定年前後で起業することがいいのか、その優位性や人脈づくり、起業準備を始めるタイミングと方法などについて、「再現性のあるメソッド」として公開します。

第2章では「70歳定年」に対する現役会社員の意識と、60歳定年時に「定年再雇用」を選択するワナについて解説します。

第3章では、「定年ひとり起業」のマネープランについて考察します。

会社員として長く勤めた人だからこそ優位なポジションで起業できるというメリットも解説します。

また老後資金の不安がなくなる「年金戦略」や王道の資産運用も紹介します。

第4章は、私 大杉潤の「定年起業」（正確には「定年前起業」）の全プロセスを公開し、現在までのフリーランス5年間でどんな働き方、稼ぎ方をしてきたのかをお話します。

私の場合は、妻が社長の合同会社を設立し、私は外注先の個人事業主としてフリーランスで働くという形態を取っています。

その「深い意味」についても説明します。

第5章では、私と同じように中高年になってから会社員を卒業して独立起業した方、専業主婦から子育てが一段落したのを機に起業した方の事例として、計3名の方々の「雇われない働き方」「新しい働き方」の起業ストーリーを紹介します。

第6章は、「定年ひとり起業」という雇われない働き方には思ったほどのリスクがないこと、さらに「年金プラスアルファ」を稼ぐというコンセプトについて説明します。

細く長く稼ぎ続けるための「戦略的な働き方」のススメです。

そして第7章として、アフター・コロナ時代の働き方について、「幸福学」をベースにすることを提唱します。

インターネット革命による情報社会の到来とパラダイムシフトと言われる社会の常識や枠組みの大きな変化が、「定年ひとり起業」のチャンスでもあることを説明します。テレワークの進展をはじめ、私たちの働き方は、ほんとうに多様化しつつあるのです。また働くことのベースになる健康について考察します。

最後に「おわりに」として、将来の年金不安、お金の不安がなくなる「定年ひとり起業」という働き方について、どうしても踏み出す勇気が持てない方のために、とっておきの方法をお伝えします。

それでは早速、「老後2000万円不足問題」を一気に解決できる「定年ひとり起業」という、新しい働き方に向けての航海へ、一緒に出ていくことにしましょう。

目次

第5章

「定年ひとり起業」ケーススタディ～3人の起業ストーリーと成功の秘訣

第6章

「定年ひとり起業」という選択

序章

70歳まで働く時代がやってきた！

70歳定年制で増える「新しい働き方」

昨年3月に改正された高年齢者雇用安定法、通称「70歳就業確保法」(「70歳定年法」とも呼ばれます)が、今年2021年4月1日から施行されます。

この改正法は大企業の努力義務としてスタートしますが、**数年のうちには「70歳定年」は大企業から義務化され、中小企業にも波及して「70歳まで働く」ことが当たり前の時代になると予測して、私はこの本を書いています。**

現在、ほとんどの企業では「60歳定年」としたうえで、いったん会社を退職して(退職金も支払い)、改めて期間1年の契約社員(非正規雇用)として、再雇用契約を結び、65歳までの就業を確保する「**定年再雇用制度**」を導入しています。

60歳の定年退職時に、再雇用制度を利用するほかにも、転職したり、起業したり、あるいは完全リタイアして悠々自適の生活を送ったりするという選択肢もあるわけですが、実際には会社員の約8割は定年再雇用制度を活用して非正規社員として65歳まで働く道を選んでいます。

東証一部上場企業など大企業に勤める会社員の場合には何と9割が定年再雇用制度によって同じ会社（グループ会社含む）で働き続けていると言われています。

では、「65歳までの雇用確保」が、「70歳までの就業確保」に変わる今回の法改正で、定年後の会社員の働き方はどう変わるのでしょうか？

私は、60歳以降、これまで主流だった「定年再雇用」ではない新しい働き方が増えて、働き方の多様化が起こると考えています。

その理由は、新型コロナウイルス感染症の世界的な拡大（パンデミック）によって大きな打撃を受けた企業が、厳しい経営環境の中で60歳定年以降70歳まで10年もの間、すべての高齢社員を雇用し続けることは不可能だと思うからです。

また今回の改正法では、「65歳から70歳へと延長された企業による就業確保」につ

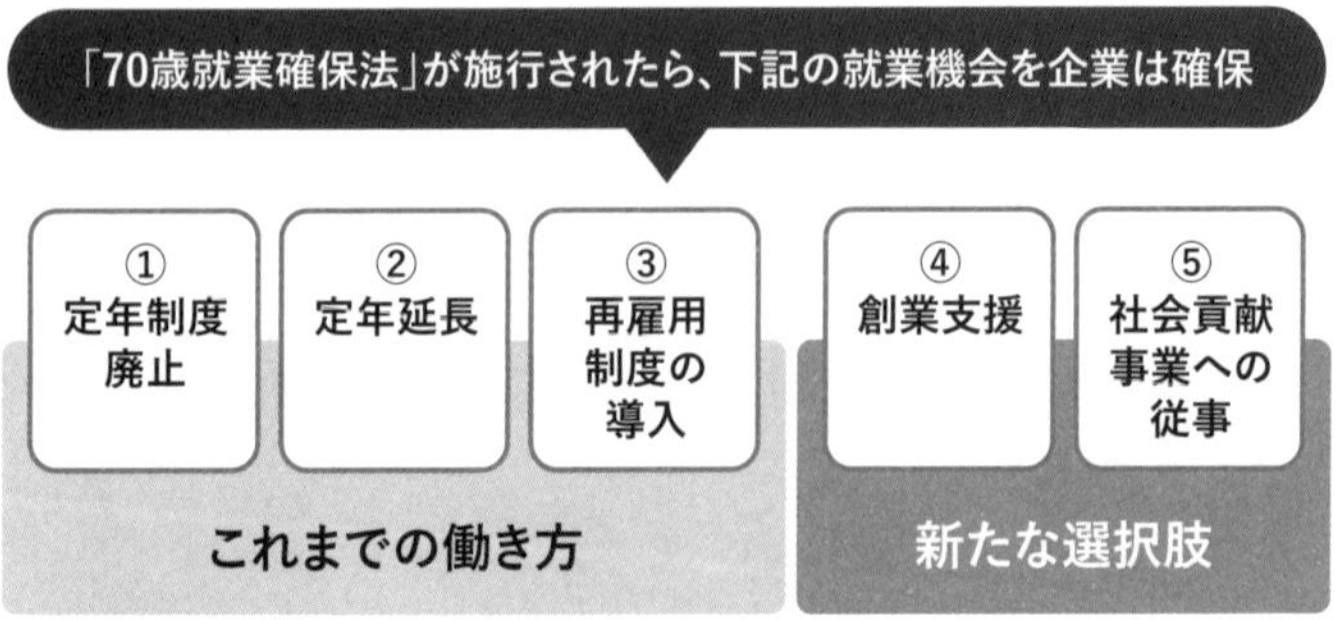
「70歳就業確保法」が施行されたら、下記の就業機会を企業は確保
①定年制度廃止
②定年延長
③再雇用制度の導入
④創業支援
⑤社会貢献事業への従事
これまでの働き方
新たな選択肢

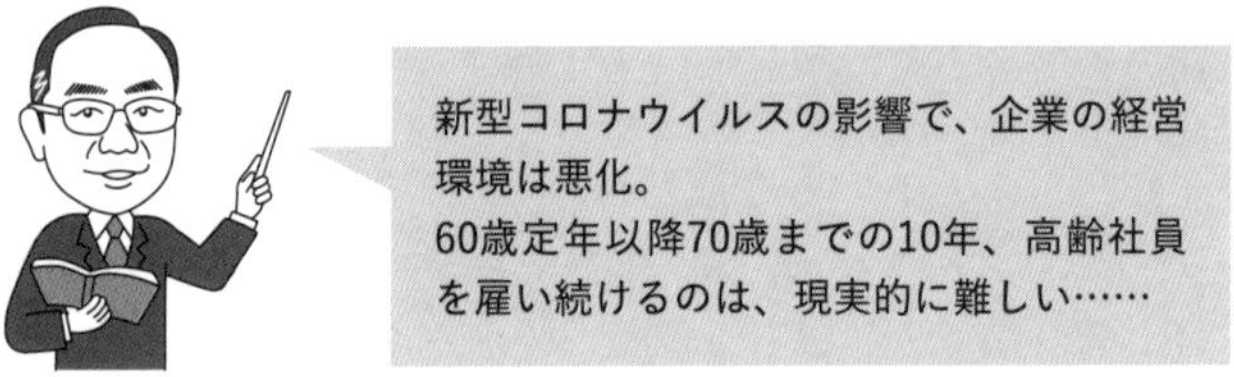
新型コロナウイルスの影響で、企業の経営環境は悪化。
60歳定年以降70歳までの10年、高齢社員を雇い続けるのは、現実的に難しい……

いて、これまでの、①定年制度廃止、②定年延長、③再雇用制度の導入という3択（実際には大半の企業が③の再雇用制度を導入）に加えて、70歳までの就業機会を確保するための「新たな選択肢」として、次の2つが加わりました（これ以外に「転職の支援」を従来から行っている企業が多い）。

④創業支援（継続的に業務委託契約を締結）

⑤社会貢献事業への従事を支援

いくら労働人口の減少による人手不足があるとしても、会社としては、体力・能力差の大きい高年齢の社員全員を70歳まで再雇用することは難しいかもしれません。

また、仮に再雇用期間をさらに5年延長して70歳までとする場合には、65歳までの雇用条件と比べ、更なる年収ダウンや勤務時間の削減など、就労条件の悪化は避けられないでしょう。

そうした企業を取り巻く経営環境の厳しさも踏まえて、今回の改正法では、新たな選択肢が加わったと考えられます。

では、今現役で働く会社員は、60歳定年時にどんな働き方を選べばよいのでしょうか？

もちろん、一人ひとりが置かれている環境が違うので、「これが正解」という万人に共通の働き方があるわけではありません。

年金受給が60歳から65歳に移行している現在、多くの会社員が再雇用制度を活用して65歳まで働き続けていることから考え、もし年金受給が70歳からとなる年金法改正がなされたならば、65歳で完全リタイアするのではなく、大半の会社員は70歳まで働く時代になると私は考えています。

そしてその可能性、すなわち年金が70歳から受給という制度に移行していく可能性は極めて高いでしょう。

なぜなら、その兆候がすでに明らかになっているからです。

年金受給を75歳まで繰り下げる選択が可能になった意味

先ほど述べた「70歳就業確保法」が成立した翌月の2020年5月に、年金制度改正法が成立し、老齢年金の「受給開始時期の選択肢」が拡大されました。

現在の65歳を基本にしながら「60歳（5年繰り上げ）から70歳（5年繰り下げ）までの間で選択できる制度」が、「60歳から75歳（10年繰り下げ）の間で選択できる制度」

に拡大変更されたのです（2022年4月より実施）。

これは何を意味するのでしょうか？

厚生労働省は一切のコメントをしていませんが、私はズバリ、**「年金受給開始年齢が70歳からに引き上げられる布石」**だと見ています。

また、私だけでなくそう指摘する専門家も数多くいます。

年金の受給開始年齢の変更は、国民全体の重大な関心事であり、直ちに政治問題化するセンシティブなテーマなので、政治家や官僚は誰も正面切って「70歳引き上げ」の見通しを絶対に口にしません。

ただ、日本の少子高齢化は、総務省社会保障・人口社会問題研究所による予測（中位推計）を上回るスピードで進んでいて、年金財政は制度改正なしには持続可能でないことが誰の目にも明らかになってきました。

さらに新型コロナウイルス感染症による経済対策のために組まれた複数回の補正予

算により、日本の財政が一段と厳しくなっている現状を考えれば、今後の年金制度改正は不可避だと私は考えます。

現在、実施されている最中の「年金受給開始を60歳から65歳へ引き上げる移行措置（男性は1961年4月2日、女性は1966年4月2日以降に生まれた方は65歳への移行が完了）」と同じ移行期間を取ると仮定すれば、現在の移行措置が終了した後、12年かけて段階的に、65歳受給開始から70歳受給開始へ移行していくと私は予測しています。

もちろん明日から年金受給開始70歳となるわけではなく10年以上も先の話ですが、そろそろ年金改正法案を準備して、男性の65歳への移行措置が終わる2026年4月までには国会で法案成立だろうと私は思うのです。

そしてそのための布石が、取り敢えず定年後の収入にゆとりがある高齢者に対して、「75歳まで老齢年金受給を繰り下げること（75歳まで繰り下げると65歳受給金額の1

84％へ増額）ができる選択肢」を提示した、というわけです。

「70歳年金受給」というアナウンスはあまりにもインパクトが大きいので、それまでにまず「70歳まで就業が確保されます」、「年金は75歳まで繰り下げて受給を開始することも可能です」と発信することで「70歳年金受給」への抵抗感を和らげ、国民に徐々に覚悟してもらおうという作戦でしょう。

私はズバリ、1965年4月2日から1966年4月1日の間に生まれた人（2021年1月現在で55歳または54歳の人）から、年金受給開始年齢が66歳に引き上がり、以後12年かけて70歳受給に移行すると予想しています。

つまり、10年後の2031年4月から「年金受給開始年齢の引き上げ」が始まると私は見ていますが、根拠など詳細については第2章で述べていきます。

50代は「定年後の新しい働き方」や生涯ライフプランを決める人生の最重要期

年金受給が70歳からになると、多くの大企業で実施されている「55歳役職定年」「60歳定年」「65歳までの定年再雇用」という制度は、今後どのように変わっていくのでしょうか。

私は近年、推進されてきている「働き方改革」の本質は、終身雇用で会社にずっと面倒を見てもらう受動的な働き方から、会社員が自分の働き方やキャリアを自ら切り拓いていく「キャリア自律」だと捉えています。

グループウェアで急成長したベンチャー企業のサイボウズは「働き方改革のフロントランナー」と言われています。

「社員が100人いれば100通りの働き方があっていい」と標榜し、週のうち何日働くか、1日何時間働くか、テレワークとオフィスでの勤務をどう組み合わせるかなど、毎年社員と管理職との話し合いで決めていく自由で柔軟な人事制度を構築しています。

6年以内なら休職しても復帰できるし、副業でサイボウズの仕事をすることもOKだそうです。

私が日本興業銀行広島支店で課長をしていた時の部下だった山田理さん（その後サイボウズに転職して、現在は同社副社長兼サイボウズUSA社長）が青野社長とともに作り上げた先駆的な人事制度で、多くの企業の「働き方改革」の手本になっています。

興味ある方はぜひ、**『最軽量のマネジメント』（山田理・サイボウズ式ブックス）**をお読みください。

現在のように社会の仕組みや常識が大きく変化している「パラダイムシフト」が起きている時代において、**企業が70歳まで社員の雇用を保障することは難しく、60歳定**

年以降は、一人ひとりが多様な働き方を自ら選び、企業はそれを支援していく仕組み、人事制度になっていくと私は予測しています。

現に、私がいたみずほフィナンシャルグループは、副業の解禁に続いて、週休3日や週休4日で働く（もちろん給料は減少）ことも選択できるようになりました。

そうなると、人生100年時代の折り返し地点となる50代は、それまでの人生を棚卸しして、自らの「強み」や「弱み」、そして人生のミッション（社会的使命）として自分は何を成し遂げたいのか、60歳定年以降の自らのキャリアや人生をどう設計したいのかを考え、準備する重要な時期になります。

間もなく施行される「70歳就業確保法」では、60歳定年以降の社員に対して様々な働き方の選択肢を用意して支援していく方向に、大きく変わってきます。

ほとんどの社員が定年再雇用制度で同じ会社で働き続けるという、これまでの働き方は変わり、「ぜひとも会社に残ってほしい」と引き留められる人、他社へ転職する人、独立起業する人、社会貢献事業へ参加する人など、様々な働き方が出てくることになると思われます。

定年のない「定年ひとり起業」という最強の選択肢

今後もずっと加速が続く日本の少子高齢化や年金財政の悪化、日本全体の財政悪化を考えれば、年金受給開始年齢の引き上げは70歳で打ち止めではなく、70歳受給を数年継続した後に、さらにまた12年かけて年金は「75歳受給開始」に移行していくと私は予測しています。

そしてその頃（私の予想では２０３２年４月に75歳受給に向けた移行を開始）には、高齢者の定義は65歳以上ではなく「75歳以上」に変更され、85歳以上を「後期高齢者」と呼ぶようになるでしょう。

そのくらい日本人の平均寿命も延びて、90歳代の高齢者を街で普通に見かけ、センテナリアン（１００歳以上の高齢者）も数十万人規模に達するのではないでしょうか。

65歳以上を高齢者とするのは国際的な定義ですが、世界一のスピードで高齢化が進む「課題先進国」の日本が世界をリードして、高齢者の定義を「75歳以上」に変える提言をすべきだと私は思っています。

定年を迎える会社員が、「働く期間」を自分で決められる働き方、すなわち「雇われない働き方」へと最もスムースに移行できる方法が、「定年ひとり起業」なのです。

本書では、これまでずっと会社員として働いてきたキャリアの人が、70歳まで働く時代を迎えて、50代からいかに準備をして「定年ひとり起業」という新しい働き方に移行するかを具体的、実践的に解説していきます。

序章のポイント

◆「70歳就業確保法」の施行で、70歳まで働く時代になり、働き方は多様化する

◆年金受給開始もいずれ70歳からに移行していく可能性が高い

◆50代は「定年後の新しい働き方」を決める人生の最重要期である

◆定年のない「定年ひとり起業」は人生100時代に最強の選択肢である

◆課題先進国・日本が世界に先駆けて高齢者の定義を75歳以上とする提言を行うべきである

第1章

「定年ひとり起業」とは？

「定年ひとり起業」の定義

人生100年時代において「70歳まで働く時代」が到来しつつある現在、私が推奨する「定年ひとり起業」とはどのようなものか、まず本章にてその定義を明らかにしておきましょう。

日本の企業は現在、60歳定年としている企業が大半であるため、その後に定年再雇用制度があって65歳まで働く会社員が多いものの、大半の会社員は60歳という年齢を「大きなキャリアの節目」と考えています。

60歳を境にして、雇用形態、年収や権限などの就労条件、そして働く意識や働き方が劇的に変わるからです。

私が本書で述べる「定年ひとり起業」とは、会社に所属し続けた場合に大きな条件変化が訪れる60歳を見越して、定年前の50代、60歳定年時、定年再雇用期間中または再雇用終了後に、会社員を卒業して独立起業する働き方のことです。

「定年ひとり起業」は、一般的な「起業」と呼ばれる形態と異なる特徴として以下の5点が挙げられます。

1. 会社員（または公務員）として働いた経験を長く持った上で50代または60代というタイミングで独立起業する
2. 個人事業主として開業するか、ファミリー・カンパニーを設立して独立し、原則として自分ひとりで事業を行う
3. 自宅を事務所にするなど初期投資を最小限に抑え、多額の仕入や在庫保有を行わず、借金もしない、家族以外の従業員を雇わないという低リスクの事業形態とする
4. 厚生年金を確保した上で、年金プラスアルファの収入（月5〜10万円程度）を目指す規模の事業からスタートし、好きなことを仕事にしてストレスなく働く
5. 会社員時代の経験・知識・スキル・人脈をフル活用し、足りないリソースは外部

に業務委託する形で規模を拡大せずに「長く働くこと」を最優先に事業を運営する

以上の5点を私は「定年ひとり起業の5原則」と呼んでいます。

そしてこの5原則をすべて満たす起業を本書では「定年ひとり起業」と定義することにします。

この5原則はそれぞれ深い意味を持っていて、どれが欠けても起業のリスクが高くなり、「長く働くこと」が難しくなってしまうのです。

「定年ひとり起業5原則」の深い意味

なぜ、この「定年ひとり起業5原則」が大切なのでしょうか？

結論から申し上げると、会社員として長い間雇われる働き方をしてきた中高年が、最もリスクを少なくしながらその優位性を生かして、楽しく不安のない後半の人生を送ることができる働き方が実現するからです。

では１つずつ見ていきましょう。

１番目の原則である「50代または60代のタイミング」ですが、このタイミングだと会社の中で自分の将来性がほぼ見えてきます。

ごくわずかな人数ですが、大企業のトップになったり経営幹部になったりする見込みの人は出世の街道に邁進した方がいいかも知れません（但し、大企業での出世は実力だけでなく、コントロールできない運などの要素も大きいので見込みが外れることは珍しくありませんが）。

とくに大企業に勤務している人は50代になったら早く発想の転換をして後半の人生の戦略を練った方がいいというのが私の考え方です。

だからと言って現在の会社の仕事で手を抜くということではなく、むしろ逆です。

たとえ会社を離れても個人の力で会社に貢献できるようなスキルを磨いたり、会社にとって必要な業務やリソースを考え抜いたりすることを真剣に意識的に行うのです。そうすると、会社にぶら下がって何となく定年までを過ごすというマインドを一新できます。

学び直しなど自己啓発が必要なことに気づくかもしれません。

また会社以外の人脈を開拓する行動を始めるかもしれません。

いずれにしても、50代になり定年が視野に入ってきた時に、定年までの時間が緊張感を持った輝く時間になることを経験者である私が保障します。

2番目の原則である「ひとりで事業を行う」こともとても大切です。

会社員が独立する場合は誰でも不安で、しかも孤独なので共同事業として何人かのパートナーと組んで共同で会社を設立することがよくあります。

一緒にやれば何となく安心できるのです。

でも私はお勧めしません。もちろんうまくいくケースもありますが、圧倒的に揉めるケースの方が多い。

経営責任は一人で担わなければ事業はうまくいかないというのが私のこれまでの銀行員や経営コンサルタントとしての経験から得た結論です。

事業がうまく進まなければ責任のなすり合いになりますし、うまく進めば進んだで主導権争いや分け前争いになります。

せっかく定年のタイミングでストレスのない楽しい働き方にシフトするわけなので、「定年ひとり起業」では、事業は自分ひとりで責任を持つ形で行うべきでしょう。

3番目の原則は、とにかくリスクを取らないことです。

定年時の起業では、退職金というまとまった資金を投資してフランチャイズ・ビジネスをしたり、飲食店を経営したりするケースをよく聞きます。

「武士の商法」ならぬ「会社員の商法」と私は呼んでいて、商売はそんなに甘くないと思うのです。

もちろんセンスがあって、きちんと修行をした上で成功する元会社員もいますが、きわめて例外的なケースでしょう。

退職金をすべて失い、さらに借金まで抱えるという悲惨な事例も珍しくありません。

そうならないように、退職金はしっかりととっておいて、初期投資を極力抑え、毎月かかるランニングコストもできるだけかからないようにすることが長く続ける秘訣です。


私の経験でも事務所は自宅の一角で十分です。

家賃や電気・ガス・水道代などを事業用として按分《あんぶん》し経費で落とすことも可能です。

また多額の仕入れや在庫を持たないこと。

会社が潰れるのは運転資金の資金繰りがつかないことが原因になるケースが大半なのです。


そして会社にとって最大の固定費となる人件費。

自分以外の人を雇わなければ資金が出て行ってしまう人件費負担はありません。

だから「ひとり起業」にはリスクが少ないのです。

どうしても人手が足りなくなったとしても雇うのは配偶者など家族だけにするか、あるいはそもそも事業をそこまで拡大しない。

「定年ひとり起業」のコンセプトは、人を雇う規模まで事業を拡大しないこと、だからこそ年齢を重ねてもリスクもストレスもなく長く続けることができるのです。

４番目の原則は、目指す収入を月５～10万円程度にして小さくスタートすること。会社員として働いた期間が長い人には終身での厚生年金がありますので、年金＋αとしての収入があれば旅行、趣味や外食など、プチ贅沢ができるゆとりある老後生活が送れます。

このくらいの収入を目指す起業であれば、実は思っているほどハードルは高くありません。

私も月５～10万円規模からスタートしました。

会社員として様々な仕事の経験を積んできた人なら誰でも無理なく目指せます。

そしてそのあとは、ずっと同じ規模でとどまってもいいし、会社員の現役時代よりも稼ぐようになる人もいます。
いずれにしても肩に力を入れず、好きなことを仕事にして楽しみながら働き、小さな収入でも安定して獲得し続けることが大事なのです。

最後の5番目の原則は、以上4つの原則を総括するもので、「長く働き続ける」ことを何よりも優先させること。

だからお金を使わない、借金をしない、人を雇わない、リスクを取らない、という原則を堅持して、無理のない収入レベルを目指す身の丈に合った起業が「定年ひとり起業」なのです。
それは、会社員として獲得してきた経験・知識・スキルや人脈を活用し、且つ厚生年金という終身での安定収入が約束されている優位性があるからこそ実現できるのです。

「定年ひとり起業」に向いている仕事とは？

では、「定年ひとり起業」ではどんな仕事をすれば、前述した5つの原則を満たして長く続けることができるのでしょうか？

向いている仕事とはどんな業種、どんな内容の仕事でしょうか？

私は業種や仕事の内容よりも、自分が好きであること、情熱を傾け続けられることが最も大切だと思います。

後の章で詳しく述べますが、独立起業してすぐに結果が出ることは稀で、少なくとも2年くらいはかかるケースが多い。

したがって、十分な収入が得られなくてもやり続けられる仕事であることが大事なのです。

極端に言えば、お金を払ってでもやりたい仕事であるかどうか。

ひとり起業では、やり続けることが確実に成功できるたった一つの道だからです。やめなければいつか必ず結果は出ます。

ただ、その「好きなこと」がなかなか見つけられない人が多いのも現実です。そういう人のために「定年ひとり起業」のコンセプトと相性がよく、比較的向いている仕事をいくつか紹介します。

定年近くまで会社員として仕事をしてきた人には、会社の中では当たり前だったこと、業界の中では常識だったことをまったく違う業界やジャンルの人たちに教えたり、伝えたりする仕事を作り出すとうまくいくケースが多いのです。

会社や業界では常識でも異業種の人たちやビジネス界以外のジャンル、例えば教育界などでは全く知らないということはよく起こります。

自分が会社員として獲得してきた経験・知識・スキルを過小評価する中高年の人は

多く、まさかこんな簡単なことが仕事やビジネスになるとは、と驚いて振り返る「ひとり起業家」は私の周りにも数多くいます。

さらに、「教える」「伝える」という知的労働は中高年者に向いていて、体力面でも若者と競ってもハンディキャップが少ないし、逆に「若い人たちに教えられたくない」というプライドの高い人もいます。

ある程度年配の人であれば、話を聞いてもらいやすく信頼も得やすいのです。

だから私は、まったく「好きなこと」が思いつかないという定年世代の会社員に対しては、**自ら会社員として得てきた知識・経験・スキルをまったく違う世界の人たちに対して「教える」「伝える」仕事を考えてみたらどうかとアドバイスしています。**

但し、次の2点は外せません。

1．低コストの販促手段であるインターネットによる「専門家としての情報発信」

2．世の中のニーズに合った経験・知識・スキルのブラッシュアップ

要するに、マーケットが小さいニッチな分野だとしても、ユニークなポジショニングを見つけて旗を立てれば、月5〜10万円レベルの収入を得るビジネスはそんなに難しくありません。

そのために必要なのは、自らの人生とキャリアの棚卸しをして、自分の「強み」や「好きなこと」をしっかり把握すること。

そして、社会のニーズをしっかりと摑み、それに対応できる「学び直し」をして、自分の「強み」に磨きをかけること。

会社員として様々な仕事を経験した蓄積のあるあなたなら、それほど難しいことではありません。

いつから「定年ひとり起業」の準備をするか？

ではいつから準備をすればいいのか。

「定年ひとり起業」に向けて準備を開始する適齢期は何歳くらいなのでしょうか？

これはなかなか難しい質問で、その人の置かれている環境次第ということです。家庭を持っている人なら住宅ローンの返済負担や子供の教育費負担が起業のネックになることが多いものです。

私の場合も、子供の教育費への不安があったため57歳まで独立起業に踏み出せませんでした。

そのほか、親の介護、現在の仕事の状況、自身や家族の健康問題など、会社を辞めて起業するには様々な条件が絡んでくるので、一概に適齢期は決められません。ケース・バイ・ケースとしか言えないでしょう。

ただ条件が許せば、私は自らの経験から50代に準備して定年の直前に「定年ひとり起業」をするのがベストではないかと感じています。

なるべくリスクを低くするという観点から、ある程度の退職金と厚生年金の確保がしっかりできるのが50代というのが1番の理由。

2番目として、50代は定年後の60代に比べてより体力・気力が充実していて試行錯誤に耐えられること。

セーフティネットとしての資金確保とチャレンジ精神レベルのバランスが50代は最もいいのではないかと思うのです。

次に、準備期間としてどのくらい考えればいいかという質問をよく受けるのですが、私は2年間と答えています。

準備の真剣度、濃淡レベルによりますが、ある程度の期間を区切って集中して準備した方が起業に踏み出せます。

あまり準備期間が長いと集中を持続できないし、短すぎても十分な準備ができない。そのバランスがいいのが2年間というのが私の結論です。

私の周りの起業家仲間も、うまくいっている人は2年間の準備期間という人が多いのです。

以上、述べてきた起業準備の年齢や期間についてはあくまでも私の経験と感覚なので参考程度に受け止めてください。

実際には個人個人が置かれた環境次第です。

「人生に遅すぎることはない」と思うのです。

60代でも70代でももちろん「定年ひとり起業」にはまったく問題ないので、思い立ったら悔いのないチャレンジをすることをお勧めします。

第1章のポイント

◆「定年ひとり起業」の定義は、定年前の50代、60歳定年時、定年再雇用期間中または再雇用終了後に、会社員を卒業して独立起業する働き方のこと

◆「定年ひとり起業5原則」——①50代または60代で起業、②ひとりで起業、③お金を使わない低リスク、④年金プラスアルファの収入を目指す、⑤長く働くことを最優先にする——を満たす起業が「定年ひとり起業」のコンセプトである

◆「定年ひとり起業」に向いている仕事は、自らの経験・知識・スキルをまったく違う世界の人たちに「教える」「伝える」仕事

◆「定年ひとり起業」の準備は、50代で準備期間2年間がベストだが、個人個人の置かれた環境によって何歳でも可能である

第2章

定年再雇用のワナ

「70歳定年」に対する現役会社員の意識

昨年3月に改正された高年齢者雇用安定法、通称「70歳就業確保法」が、今年4月1日から施行されますが、法案成立後に、**一般社団法人定年後研究所**（当時、**徳丸英司所長**）が、定年制度のある組織に在籍する40歳～64歳男女516人に、「**『70歳定年』に関する調査**」を実施しました。

その結果は、「歓迎する」が約4割に対し、「歓迎できない」「とまどい・困惑を感じる」を合わせたネガティブな受け止め方が約6割となり、長く働き続けることに必ずしもプラスの意識を持っていないことが明らかになりました。

なぜ、過半数の会社員が「そんなに長く働きたくない」と感じてしまうのでしょうか？

そのヒントは、次の2つのアンケート質問に対する答えにあります。

まるで会社員の心の内が浮かび上がってくるようです。

まず、「70歳定年制が導入されたら……」という質問に対しては、45・7%が65歳以降も「今の会社で働き続ける」ことを選択しています。

さらに、「70歳まで今の会社で働くことに、『不安あり』か『不安なし』か」について問うと、何と96・1%が「不安あり」と答えているのです。

要するに、**今の会社での仕事には満足していないが、他に選択肢がないからやむを得ず働いている**ことが分かります。

とくに、中高年になってから（55歳の役職定年後や60歳の定年再雇用後）の働き方について、何らかの不満があることが推測されます。

そして同調査では、70歳まで今の会社で働くために「会社に求める支援策」を聞いています。

その上位3項目は以下の通り。

1. 待遇改善

2. 勤務条件の軽減

3. ふさわしいポスト・職務

つまり、「収入が低すぎる」、「勤務時間や勤務日数をもっと柔軟に減らしたい」、「もっとやりがいのある仕事がしたい」という不満なのです。

平成の30年間でほとんどGDPが増えず、少子高齢化が進んで個人消費が落ち込む日本では企業業績が厳しく、さらにコロナショックで業績悪化が加速している現状を考えると、「雇用」という形で、定年後の中高年社員に対して、待遇改善をしながら勤務条件の改善を提示するなどという可能性はほとんどないでしょう。

だからほぼ全員が、70歳まで今の会社で働き続けることに「不安がある」のです。

これまで通り、年金を65歳から受給して、平均寿命が80歳という社会であれば、年金生活15年を余生と考えて悠々自適で過ごすことも可能でした。

しかし、今現役の会社員にとってそれはかつての夢物語です。

日本人の平均寿命は女性では90歳に近づいていますし、男性も毎年少しずつ延びて、ともに世界トップクラスです。

医学の進歩や健康増進のための情報の普及でその傾向はしばらく続き、人生90年は当然、いずれ人生100年時代になると私は思います。

また年金受給開始年齢ですが、先述したように、私は今から10年後の2031年4月から「70歳受給開始に向けた移行措置」が開始されると予測しています。

対象は、1965年4月2日から1966年4月1日の間に生まれた学年（2021年1月現在で55歳または54歳）の男性です。

この学年の男性は66歳受給開始になるという予測です。

女性はその5年後からになります（65歳受給開始への移行措置と同じ）。

誤解のないように明記しておきますが、これはあくまでも筆者個人の予測であり、厚生労働省からは何ら発表はありません。

また筆者が秘密の資料を入手したということも一切ありません。では、その根拠は何か。根拠は次の2点です。

年金受給開始年齢60歳から65歳への移行と同じプロセスを経て、70歳へ移行するのではないかと私が見ていることが一つ。

そしてもう一つは、少子高齢化が加速している現状（平均寿命は延び続け、少子化が国立社会保障・人口問題研究所の将来推計人口の数値を超えて進んでいる、すなわち出生者数が減少している）から考えて、65歳受給開始では年金財政が持たないと考えられることです。

新型コロナウイルス感染症拡大による大規模な補正予算と、その財源をすべて国債発行でまかなったことを考えると、日本の財政は今後さらに厳しくなると見られ、コロナ不況が長期化することになれば（その可能性は高い）、私が予測したタイミングでは間に合わず、70歳受給開始への移行はもっと早まる可能性すらあります。

いずれにしても、70歳年金受給開始は不可避の流れであり、だからこそ多くの会社員が「70歳定年制」＝「70歳年金受給開始」と受け止め、ネガティブな反応になっているのです。

しかも、年金受給額も「マクロ経済スライド」（物価上昇分まで年金の受給額は上がらず、人口構成の歪みの調整に充当する仕組み）により、現役時代の収入に対する年金受給額の割合（これを「所得代替率」と言います）が年々下がっていき生活が苦しくなる、と感じているのです。

そうなると、年金受給年齢が65歳の現在、ほとんどの会社員が「定年再雇用」を選択して65歳まで同じ会社で働き続けているのと同様の行動、すなわち年金受給年齢70歳までの間、「定年再々雇用」で、70歳まで同じ会社で働くことをイメージして、大きな不安に駆られているのだと私は解釈しています。

「定年再々雇用」と敢えて書いたのは、60歳からの定年再雇用で、現役時代の半分くらい（年収が高い人ほど減額率は大きい）になった年収が、**65歳からはさらに半減するくらいのインパクトで年収ダウンになるのではないかと私は予測しています。**

なぜなら業績が厳しい企業としては、新入社員よりも年収レベルを下げないと定年退職者の雇用を維持していくことが難しいと思うからです。

但し、健康面や体力面の負担も考慮し、勤務時間や勤務日数を減らす方向で勤務条件の改定を行うでしょう。

そうなると年収半減（現役時代最後の年収の四分の一）では済まないかも知れません。

それでもPCスキルの問題などで在宅勤務がうまくできない定年退職者は「再々雇用」ですら難しくなります。

間もなく施行される「70歳就業確保法」では、これまでになかった、「業務委託による起業支援」や「社会貢献活動への支援」という選択肢を企業に用意しています。

これに「転職支援」を加えた「定年再雇用」以外の働き方を、できれば60歳定年時によく考えるべき、というのが本書での提案です。

同じ会社で働き続ける「定年再雇用」というのは一見、働く環境が変わらずリスクの低い選択に思えるのですが、65歳以降も働くことを考えると選択肢が狭まり、実は最もリスクの高い選択になるかも知れません。

これを私は「定年再雇用のワナ」と呼んでいます。

では次に、年金受給開始年齢が70歳に引き上げられる背景を、もう少し詳しく見ていきましょう。

年金受給開始年齢は70歳、さらに75歳になる理由と時期

かつて「人生70年」と言われた１９７０年頃は、日本人男性の平均寿命は69歳、女性は74歳でした。

表１　年金受給開始年齢65歳への移行スキーム

生年月日（男性）	生年月日（女性）	男性受給開始時期	受給開始60歳	受給開始61歳	受給開始62歳	受給開始63歳	受給開始64歳	受給開始65歳
1949年4/2以降	1954年4/2以降	2009年4月以降	○					
1953年4/2以降	1958年4/2以降	2014年4月以降		○				
1955年4/2以降	1960年4/2以降	2017年4月以降			○			
1957年4/2以降	1962年4/2以降	2020年4月以降				○		
1959年4/2以降	1964年4/2以降	2023年4月以降					○	
1961年4/2以降	1966年4/2以降	2026年4月以降						○

（出典）日本年金機構の資料をもとに筆者作成

その時の定年が55歳、年金受給開始年齢が60歳でした。

それから50年間で男女とも平均寿命は10年以上延びていますが、現在は定年が60歳、定年再雇用で65歳になり、年金受給開始は60歳から65歳へ移行している最中です。

そういう意味では、日本人の平均寿命が50年間で男性は12年、女性は13年も延びているのに、定年は再雇用を入れても10年しか延びていません。

年金受給開始年齢にいたってはわずか5年延びただけ。

しかも２０２５年４月にやっと男性

のみ、65歳への移行措置が終わり、１９６１年4月2日以降に生まれた人から原則、65歳からの年金受給になります（女性はさらに5年後になります）。

ここで「原則」と書いたのは、「はじめに」でも説明した通り、65歳年金受給開始であっても、5年繰り上げから10年繰り下げまで（60歳～75歳）の間で選択できる制度になっているからです。

但し、5年繰り上げて60歳から受給したら30％減額、逆に10年繰り下げて75歳から受給とすれば84％増額になります。

年金受給開始年齢の引き上げは、国民の関心が高く、直ちに政治問題化するセンシティブなテーマなので、政治家も官僚も、ぅかつに発言できません。

ただ、真剣に、誠実に、真摯に国家の運営と国民の幸福を考えるのであれば、できるだけ早く方向を示してあげることが国家のリーダーの役割なのではないかと私は思います。

ここまで述べてきた通り、日本人の平均寿命が12〜13年も延びて、年金受給開始年齢が5年しか延びていなければ、年金制度を今のまま維持することは不可能です。それができるのは労働人口（年金保険料を支払う人口）が増え続けている時期だけです。

日本は労働人口が減り始め、今後は減少が加速します。

平均寿命はまだ延び続けているので、年金受給者は当面、大きくは減りません。

ならば、年金財政を破綻させないように運営する手段は以下の3つしかありません。

1．年金保険料を上げる（収入を増やす）

2．年金支給額を下げる（支出を減らす）

3．年金支給開始年齢を引き上げる（年金受給を70歳からにする）

実際には、これら3つの手段を総動員しないと、日本の年金財政は破綻し、年金制度は持続可能にならないと私は考えています。

そのくらい、今後の年金財政は大きく悪化していきます。

この中で最も効果が高く、年金制度維持のカギとなるのが３番目の「年金支給開始年齢の引き上げ」（受給者から言えば「年金受給年齢の引き上げ」）です。

1番目の年金保険料引き上げは、これ以上、現役世代の負担を増やすと将来受給できる年金額との兼ね合いから年金制度の信頼性が損なわれてしまうリスクがあります。また、実際に預貯金額の多くは65歳以上の高齢者が持っている現状から考えても現役世代に、これ以上の負担力はないでしょう。

2番目の年金支給額の引き下げは、「年金生活者切り捨て」と批判されるため現実には不可能で、現在のやり方は、物価上昇分をすべて年金には反映させず、一部は人口構成の歪み（年金保険料支払者と年金受給者の人口比の変化）を是正するものとして使うという「マクロ経済スライド」という仕組みで、実質ベースで年金受給額を下げるという方策です。

それでも現役時代の所得に対して50％の年金所得を確保するという「所得代替率50％」を下限とする方針を打ち出していますので、限界があるでしょう。

1番目、2番目も引き続きやっていかなくては年金財政を維持できませんが、大きな効果は期待できません。

そこで3番目の「年金支給開始年齢の引き上げ」がカギを握るのです。

私の予測は、移行期間に12年かけること、据え置き期間を4年設けることの2点です。

60歳から65歳への移行の際にそうした期間をとったというのがその理由です。

そうすると、2026年4月に65歳への移行が完了するので、そこから4年間は「年金受給開始65歳」が維持され（据え置かれ）、2031年4月から66歳受給に移行し始めることになります。

対象は、1965年4月2日～1966年4月1日生まれの学年の男性からです。

したがって、実際に65歳支給開始となるのは、1961年4月2日生まれから1965年4月1日生まれにあたる4学年分だけになります。

表２　年金受給開始年齢70歳への移行スキーム・大杉予測

生年月日（男性）	生年月日（女性）	男性受給開始時期	受給開始65歳	受給開始66歳	受給開始67歳	受給開始68歳	受給開始69歳	受給開始70歳
1961年4/2以降	1966年4/2以降	2026年4月以降	○					
1965年4/2以降	1970年4/2以降	2031年4月以降		○				
1967年4/2以降	1972年4/2以降	2034年4月以降			○			
1969年4/2以降	1974年4/2以降	2037年4月以降				○		
1971年4/2以降	1976年4/2以降	2040年4月以降					○	
1973年4/2以降	1978年4/2以降	2043年4月以降						○

（出典）日本年金機構の資料をもとに筆者予測

この学年の人たちは65歳への移行の際に、ぎりぎりで移行措置の恩恵を受けられなかった世代です。

どうしても「損した感」があるため、それを払拭する意味で、４年間を据え置き期間として設定するだろうというのが私の見方です。

65歳への移行の時もそうでしたし、法案が成立・施行する過程で、そのくらいの準備期間（システムおよび年金受給予定者の心の準備）が必要だろうと思うのです。

今回が前回の受給開始年齢引き上げの移行措置と違うのは、基礎年金（または国民年金）と厚生年金の報酬比例部分を同時に行うだろうということです。

そうしないと間に合いません。

さらに、新型コロナ対策で行った大型補正予算の財源として国債発行額が急増し、日本の財政がさらに悪化している現在、それで間に合うのかという議論になることも考えられます。

まだまだ70歳年金受給は先の話と思う方がいるかも知れませんが、65歳年金受給はまだ移行が完了していません。

4年据え置いたうえで12年かけて移行させているので、合計16年かける大事業になるわけです。

２０３１年からスタートさせようと思えば、法案成立までそんなに時間はありません。

早く国民に告知して、70歳年金受給に向けた準備をしていく必要があるでしょう。

70歳年金受給に向けた年金制度改正法が成立する頃には、「70歳就業確保法」において少なくとも大企業は努力義務ではなく強制、中小企業も強い努力義務になっていることでしょう。

また、年金受給開始年齢の選択肢も、65歳～75歳となり、61歳～64歳への繰り上げ受給は選択できなくなると思います。

実は、年金制度改正はこれでは終わりません。

と言うか、終わらせることができません。

日本の少子高齢化はこれからが本番で、労働人口の減少がさらに加速していきます。

私は70歳受給開始への移行が完了したら、同じように４年間だけ70歳受給開始を据え置いて、すぐに75歳受給開始への移行が開始されると見ています。

ここからは、今の定年世代の問題というよりはもっと若い世代に直接影響することです。

若い読者の方はぜひしっかりとお読みください。

私の予測が正しければ、70歳年金受給への移行が完了するのは、２０３１年4月スタートの12年後になりますので、２０４３年4月です。

表3　年金受給開始年齢75歳への移行スキーム・大杉予測

生年月日（男性）	生年月日（女性）	男性受給開始時期	受給開始70歳	受給開始71歳	受給開始72歳	受給開始73歳	受給開始74歳	受給開始75歳
1973年4/2以降	1978年4/2以降	2043年4月以降	○					
1977年4/2以降	1982年4/2以降	2048年4月以降		○				
1979年4/2以降	1984年4/2以降	2051年4月以降			○			
1981年4/2以降	1986年4/2以降	2054年4月以降				○		
1983年4/2以降	1988年4/2以降	2057年4月以降					○	
1985年4/2以降	1990年4/2以降	2060年4月以降						○

（出典）日本年金機構の資料をもとに筆者予測

そこから4年間だけ70歳年金受給が維持されます。

対象は、1973年4月2日生まれから1977年4月1日生まれまでの4学年です。

つまり、1977年4月2日以降に生まれた方々は、75歳受給への移行措置を受けることになり、ここから12年かけて75歳受給へ移行することになるでしょう。

先の長い話ですが、75歳受給開始への移行を開始するのは、2048年4月、すなわち今から27年後になります。

そして2060年4月、今から約40年後には75歳年金受給開始となるでしょう。

「そんな先の話、どうなるか分からない」「私には関係ない」という人が大半だと思うのですが、現在60代の私ですら、もし平均寿命より長く生きているとすれば、２０４８年５月には90歳であり、まったく関係ないとも言い切れません。

またそれよりも１９８５年４月２日以降に生まれた人、２０２１年１月現在では30代半ばより若い人たちは、私の予測が正しければ年金受給開始が75歳になります。私には子供が二人いますが、長男も長女も75歳受給開始になるでしょう。

年金数理計算というのは、実は一般人には到底、理解できない専門的な領域のものであり、私の予測はそうした計算に基づいているものでは一切ありません。

アクチュアリーという年金数理計算をする資格（公益社団法人日本アクチュアリー会が実施）があり、全科目合格までに平均８年かかると言われる難関資格なので、私などにはまったく歯が立たない領域です。

しかし、そうした精緻な計算をしなくても人口構成の歪みを考えれば、「年金受給開始年齢の引き上げ」以外に日本の年金制度を持続可能にする方法がない、というのは誰でもわかるでしょう。

以上、年金制度改正の見通しの話が長くなりましたが、結論としては、定年前後の世代の方々は70歳年金受給を前提に、30代半ばより若い世代の人たちは75歳年金受給を前提に、自らのキャリアプランや人生設計を考えた方がいい、ということです。

70歳まで働く時代の選択肢は「再雇用」でいいのか

これまでの「65歳まで働く時代」であれば、60歳定年後に5年間の「定年再雇用」によって同じ会社で働き続け、65歳からの年金受給により15年間の余生を過ごす、というライフスタイルが可能でした。

ところが、年金受給開始が70歳に向けて引き上がり、「70歳まで働く時代」に移行すると、同じ「再雇用」という働き方でいいのでしょうか？

私は、以下の３つの理由で、60歳定年時に、「定年再雇用」（65歳時には「定年再々雇用」）という選択をするのは極めてリスクが高いと考えています。

1．10年間の再雇用期間で年収が大きく下がるリスクがある

2．勤務条件（日数・時間・場所）は会社からの提示に従わざるを得ない

3．仕事も会社からの提示となり、自らの裁量が少なく、やりがいを感じにくい

とくに、60歳定年時に「再雇用」を選択してしまうと、65歳になったときに、70歳までの働き方について、方向転換のハードルが極めて高くなると思うのです。

70歳までの就業確保については、①定年制度の廃止、②定年延長、③定年再雇用制度のほかに、④業務委託契約の締結など起業支援、⑤社会貢献活動への参加支援が挙げられていますが、これまで多くの企業は①、②ではなく、③の定年再雇用制度で65

歳までの雇用を図ってきました。

しかし、70歳までとなると、すべての人の雇用は難しく、④、⑤のような「雇用以外の選択」も考えるようになるでしょう。


いずれ65歳でそうした状況になるのであれば、60歳定年退職時に、早めに「再雇用」以外の選択をした方がリスクは少ない、というのが私の考え方です。

60歳から5年くらいは我慢して「再雇用」で働き続けられても、70歳までの10年間は厳しいと思うのです。

とくに収入面で不安があります。

それよりも、60歳の時点で、転職や「定年ひとり起業」という道へ進んだ方がいいのではないでしょうか。


60歳の時点で、今後10年間の働き方や収入をすべて会社に託してしまって大丈夫でしょうか？

どうせリスクがあるなら、自らリスクをコントロールできる起業の方がいい、というのが私の考え方です。

それもできれば年齢的に気力も体力も充実している60歳定年の時点、さらに準備が可能なら定年を待たずに50代で起業へ踏み出すのが最もリスクが少ないと考え、私は57歳で起業しました。

「起業」というと、リスクが大きくてハードルが高いと感じる人が、会社員では大半でしょう。

私もそうでした。ただ、自分でやってみて実感しているのですが、「定年ひとり起業」というやり方は、会社員にとって非常にリスクは少なく、ハードルも低いのです。

なぜか？

「定年」という時期に行うことと、「ひとり起業」という形態で、初期投資もランニングコストもほとんどゼロに抑えて起業することが可能だからです。

では次章では、「定年ひとり起業」のマネープランについて述べていくことにしましょう。

第2章のポイント

◆「70歳定年」に多くの会社員は不安を持っている

◆10年後の2031年4月には、年金受給開始70歳に向けて移行し始める

◆現在30代の若者には、40年後に年金受給開始75歳という時代もやってくる

◆60歳定年時に「定年再雇用」を選ぶと最もリスクが高くなる

◆60歳までに「定年ひとり起業」をするのが実は低リスクでハードルも高くない

第3章

「定年ひとり起業」のマネープラン

～老後資金の不安がなくなる
「年金戦略」とライフスタイル

マネープランは「人生プラン」

これまで「定年ひとり起業」という働き方について、そのコンセプトやポイントなどについてお話ししてきました。

でも、「そもそも自分はそんなに長く働きたくない」と思っている人も多いでしょう。

その気持ちはよく分かります。

会社での仕事は面白くないし、身体的にも精神的にもしんどいと感じているからだと思います。

仕事や働くことに対するイメージをなかなか変えられないのはもっともなことです。

それでも私が「定年ひとり起業」という新しい働き方を勧めるのは、老後資金の不安がなくなるマネープランを立てることが可能になるからです。

マネープランは「人生プラン」であり、「戦略」だと私は捉えています。

人生の悩みの9割以上は「お金」で解決できると言われています。

私の経験でもその通りです。

また、「お金」「孤独」「健康」という定年後3大不安の中で、最も多くの人が切実に感じているのが「お金」の不安なのです。

そしてその不安は、2019年に金融庁から公表された報告書をきっかけに拡がった「老後資金2000万円不足問題」によって、決定的な不安となりました。

人生100年時代のマネープランは「人生プラン」そのものなのです。

老後マネープランのポイントは3つ

では、老後のマネープランを考える際に何が最も重要なポイントになるのかを考えてみましょう。

結論から言えば、マネープランは収入、資産、年金額、相続見込みやライフスタイル（消費スタイル）などによって、100人いれば100通りのプランとなります。

ただ、そこに共通する重要なポイントは以下の3点に集約されます。

1．何歳まで働くのか

2．何歳から年金を受け取るのか

3．どんなライフスタイルを送るのか

つまり、働き方やライフスタイル（住む場所プラス消費スタイル）によって、前提条件が大きく変わり、家計のキャッシュフローも変わってくるということです。

だからこそマネープランはすなわち、「人生プラン」そのものになるのです。

しかしながら、老後マネープランには万人に当てはまる正解とかベストな選択があるわけではありません。

個人個人の価値観や生き方に関わる問題であり、私が考えるマネープランが読者の皆さんにとっても良いものとは限りません。

したがって、これから私がどのような考え方でマネープランを作成し、戦略を立てているのかを紹介しますので、ぜひそれを叩き台や基準にしながら、また人によっては「反面教師」にしながら、ぜひ自らの手でマネープランや人生設計を立ててみてください。

あなたは、私のプランをひとつのキッカケにしながら、そこに自分の価値観や人生観を加えて修正することによって、大切な視点を見落とすことなく自らのマネープランを作ることができるのではないかと思うのです。

では前述した重要ポイント3点を順に見ていきます。

1点目の「何歳まで働くか」は、言い換えれば、年金以外のフロー収入が何歳まで入ってくるのかということです。

実はこれがその他2つのポイントも左右する最も重要な要素になります。

例えば、現役の会社員時代にいかに収入が多かった人でも、退職して年金生活者（年金収入のみで生活する人）になれば、収入は低位フラットとなり、ゆとりある生活をしようと思えば、預貯金などの資産を取り崩す生活にならざるを得ません。

人生100年時代と言われ、何歳まで生きるか誰にもわからない中、毎月預貯金が減っていく状況になると、誰もが大きな不安を感じるようになるのです。

大手企業の会社員が「役員になるかどうか」「取締役になるかどうか」が出世の最大の分岐点だと考えるのはそのためです。

取締役になれば、退職金をもらった後で高収入が続き、さらに出世して役員在任期間が長いほど高収入の期間が長く続きます。

多くの一般社員の年収が激減するのと比べ、ここで大きな差がつくのです。

さらに、役員経験者となればグループ会社（子会社）の幹部に天下って現役としての収入がさらに長く続きます。

官僚の天下りなども基本的には同じ構図で、そういう方々はそもそもこの本を読む必要はありません。

しかし、そういう恵まれた会社員や公務員は稀でしょう。

また出世は実力だけで決まるものではなく、むしろ運やめぐり合わせ（たまたま若い時の上司が出世して引き上げられるなど）の要素も強いので、基本的に自らコントロールできません。

「定年ひとり起業」の提案は、雇われる働き方ではなく、自ら仕事を作って稼ぎ続けることにより、現役レベルのフロー収入をできるだけ長く獲得し、維持し続けようということです。

もちろん、「定年ひとり起業」をしてフリーランスで稼ぐ人たちの中でも収入の格差は大きいのが現実です。

うまくいく人は現役時代の収入を超えている人もいますし、逆にほとんどボランティアと変わらないくらいの収入しか得られない人もいます。

実際にはその中間くらいの人が最も多いでしょう。

ただ、例えば月5万円の収入であったとしても、フロー収入が入り続けることになれば、金融庁の報告書で想定していた「月5万5000円不足」の大半が埋まることになり、老後2000万円不足問題もほぼ解消してしまいます。

私が自らのマネープランとして考えているのは、ひとり起業後の毎月の収入を、生活費を払っても余剰が出て、逆に積み立て投資ができるくらい稼ぎ続けることです。そしてできる限りその状態を長く続けることなのです。

それが可能になれば、2番目のポイントである「何歳から年金を受け取るのか」について、繰り下げ受給により年金額をアップさせる、という選択が可能になるからです。

本書の序章で紹介した通り、2021年現在では、年金受給の開始は「60歳から70歳の間」で選択が可能な制度になっていて、65歳を基準に5歳までの繰り上げと5歳までの繰り下げが選べます。

これが、2022年4月からは繰り下げの期間だけが拡大され、75歳まで繰り下げることが可能になりました。

70歳まで延ばすと年金額は65歳からもらう金額の１４２％となり、さらに75歳まで延ばせれば１８４％と大幅にアップします。

年金受給開始の繰り下げについてはよく「どちらが得か」という議論になるのですが、「自分が何歳まで生きるのか」というのが誰にも分からない以上、絶対の正解はありません。

だからこそ年金は保険なのであり、「年金保険」と呼ばれるのです。

但し、もし75歳まで受給を延ばしても別の収入があって生活に支障がないという状態を作り出せれば、その後年金生活者になっても不安はほぼなくなるでしょう。65歳から受給する場合に比べて金額が１８４％になり、かつ年金受給開始時点での平均余命も10歳くらいは短くなっているからです。

また、会社員を長くやっていた人は、年金の繰り下げについては基礎年金、厚生年金のそれぞれについて選択が可能です。

基礎年金のみ繰り下げ、厚生年金のみ繰り下げ、両方とも繰り下げ、の3つから選べるのです。

しかも、65歳の受給開始年齢になった時点で「何歳から受け取る」とあらかじめ決める必要はありません。

取り敢えず「繰り下げ」を選択しておいて、受け取りたくなったタイミングで、その月に申請をすればいいだけです。

つまり、フリーランスとしてのフロー収入の推移を見ながら、生活費との兼ね合いで、年金が必要になったタイミングで、受給開始を自分で決めることができます。

それがたまたま70歳でもいいし、1カ月単位で好きな年齢の好きな月から受け取ることができます。

その繰り下げる限度が75歳まで延びた、というわけです。

ですから、年金の受け取り方は、「ひとり起業」をした後に、マネープランを立てながら随時、見直すということになります。

大杉潤の年金戦略

では参考として、「ひとり起業」をして6年目になる私、大杉潤の現時点での「年金戦略」を説明しましょう。

年金をいつからどういう形でもらうかを私は「年金戦略」と呼んでいます。

今後、日本の少子高齢化はますます加速し、年金財政が厳しさを増していくことは確実です。

そこから前提として言えることは次の２つです。

1. 年金受給額は物価上昇以上に増えることはなく、実質の受給額は減少する

2. 現役世代の年金保険料負担はさらに増加する

つまり年金が老後資金の柱であることに変わりはありませんが、その依存度を下げておかないと、長い人生後半で厳しい生活を強いられるリスクがあるということです。

大杉潤の「年金戦略」	
1	63歳から厚生年金の比例報酬部分を受け取る
2	65歳から厚生年金のみを受け取り、基礎年金は受給を繰り下げる
3	65歳〜67歳の途中まで加給年金を受け取る
4	75歳から184%に増額された基礎年金を受け取る

ちなみに、フリーランスとして、国民年金に加入していると、毎月の月収がいくらであろうと厚生年金は一切カットされることなく、全額受給できます。

そうした基本的な環境認識を前提に、現時点での私の「年金戦略」は以下の通りになります。

1. 63歳から厚生年金の比例報酬部分を受け取る（移行措置で選択の余地なし）

2. 65歳から厚生年金のみを受け取り、基礎年金は受給を繰り下げる

3. 65歳～67歳の途中（妻が65歳になる）まで加給年金を受け取る

4. 75歳から184％に増額された基礎年金を受け取る

以上が現時点での戦略ですが、順番に説明します。

まず1番目の「63歳から厚生年金の比例報酬部分のみを受け取る」ことについては、私の場合、年金受給開始年齢が60歳から65歳へ移行する経過期間にあたる年代となっているため、65歳受け取り開始ではなく、63歳からの受け取りとなっています。

これについてはたとえ受給を繰り下げても増額にならないため、取り敢えず今年2021年5月に63歳となったタイミングで受給を開始します。

そして2年後の65歳になった時点でその先の選択をすることになります。

私は63歳時点でも現役で仕事をしているので、例えば定年再雇用で会社員として厚生年金に加入している状態であれば、毎月の収入が28万円を超えてしまうと年金の一部または全部が支給停止（いわゆるカット）となり、その分は永久にもらえなくなります。

ここで「ひとり起業」が生きてきます。

私はフリーランスとして個人事業で仕事をしているため、現在は国民年金の加入者（65歳まで加入できる任意加入者）であり、厚生年金には加入していません。

そういう立場であれば、毎月の収入がいくらであろうと厚生年金は一切カットされ

ることなく、全額受給できるのです。

この事実を知らない人は意外と多いのです。

定年再雇用で働いている会社員で年金が支給停止されるのは仕方ないと諦めている人は大勢います。

個人事業者であればカットされないことを全く知らないのです。

問題は2番目の戦略です。

ここまでの説明を読んできた皆さんは、なぜ私が厚生年金の受給を繰り下げず、基礎年金のみの繰り下げをするのか疑問に思うでしょう。

理由は2つあります。

1つ目は、人間いつ寿命が尽きるかは神のみぞ知るで、両方の年金を繰り下げてしまうのはほとんど年金を受け取れなくなるリスクがあること。

1つだけ繰り下げることでリスクを分散できます。

２つ目は、実はこちらが主たる理由なのですが、年間約39万円の加給年金を取りに行くためです。

これが3番目の戦略に書かれている意味です。よほど年金に詳しい方を除いては、「いったい加給年金って何？」という感じかと思います。

私も、年金事務所の窓口相談に行くまでは、自分に受給資格があることを知りませんでした。

年金制度は社会構造の変化に合わせて修正に修正を重ねて現在の複雑な制度になっていますので、不思議な仕組みがいろいろと組み込まれています。

加給年金と振替加算もその1つで、年下の配偶者がいて、生計を一にしている場合、一定の条件を満たせば、年下の配偶者が65歳になるまでの間、年上の人の年金に年間約39万円の加給年金が付くのです（加給年金の金額は生年月日によって異なります。私の場合は約39万円です）。

私の妻は2歳4カ月年下になるので、妻が65歳になるまで、すなわち私が67歳4カ月を迎えるまでの2年4カ月間、合計約91万円の加給年金が通常の年金にプラスしてもらえるのです。

但し、一定の条件があります。

それは配偶者の厚生年金加入期間が20年未満であること、配偶者の年収が840万円未満であることの2点です。

年収要件が緩いので、例えば長く専業主婦をしていて厚生年金加入期間が短い妻は対象になるケースが結構多くあります。

実はうんと年の離れた年下の妻がいれば、何年間にもわたって毎年39万円が通常の年金に加算されます（子供が18歳未満であればさらに追加でもらえます）。

妻の方が年上で、先に年金をもらう場合でも、夫がこの「一定の条件」を満たすならば（あまりないケースかも知れませんが）、妻の方に加給年金が支給されます。

では配偶者が65歳になったらどうかと言えば、加給年金は停止され、その代わり配偶者の年金の方に振替加算が付きます。

ただ、この振替加算は驚くほど小さい金額で、我が家の場合は年額2万円程度で、ほとんど無いようなものです。


ところが、私が65歳時点で厚生年金の繰り下げ受給を選択すると、この加給年金はもらえなくなってしまいます。

年額39万円、２年４カ月で91万円は結構大きいので、現時点ではこれは取りに行こうと考えているわけです。


最後４番目の戦略である「基礎年金の繰り下げ受給」ですが、今後のフリーランスとしての収入次第になります。

ただ出来る限り繰り下げて、75歳からにして１８４％への増額を狙おうと思っています。

但し、自分の基礎年金よりも、妻の基礎年金を繰り下げて金額を増やす方が大切で、そちらを第一優先にする計画です。

女性の方が平均寿命は長く、且つ、私が先に亡くなった場合の方が家計としての年金収入が大きくダウンしてしまうため、できるだけ妻の年金額を増やしておく方が、生活に困らないという意味で大切なのです。

以上が現時点での私の「年金戦略」ですが、年金についてはその他にもいくつか金額を増やす方法があり、起業してから私がやってきたことを紹介します。

少し細かくなりますが、「こんな工夫もできるのだ」とザックリと捉えて参考にしてみてください。

まず大卒の方は多くの方が該当すると思うのですが、就職して社会人になった年齢が私は23歳11カ月の時（5月生まれで、1年浪人で大学に入学）でしたので、60歳時点で基礎年金が480カ月（40年間）加入の満額になっていませんでした。

基礎年金は20歳から60歳の480カ月（40年間）加入が満額の条件なのです。

したがって、大学卒で就職した人の場合、20歳から22歳（1年浪人なら23歳）までは保険料を支払っていないケースが多く満額になっていないと思います。

私もそうでした。

起業してフリーランスになった57歳の時点で、私は厚生年金から国民年金に移っていましたので、60歳になった時に国民年金の加入義務は終えていたのですが、480カ月加入の満額にするため、60歳以降も任意加入をして国民年金保険料を払い続けました。

2年前払いで保険料を節約したり、付加保険料400円をプラスしたりして年金が増える工夫もしました。

残り、2022年4月の1カ月分を支払えば、480カ月加入の満額になります。

また、途中から付加保険料をやめて、国民年金基金へ加入することにしました。

国民年金基金は、国民年金（基礎年金）の上乗せとしてもらえる自営業者のための年金制度で、加入は任意ですが、月額6万8000円までの保険料が全額、所得控除になります。

国民年金基金への加入と国民年金の付加保険料支払いは同時にできないため、節税効果を重視して、付加保険料の支払いをやめました。

ひとり起業をして、個人事業者（フリーランス）として仕事をする立場になれば、年金を増額する工夫がいろいろとできるのです。

細かいことは分かりにくい点があると思いますが、興味のある方はぜひ、自分の現状をしっかり把握して調べてみてください。

老後マネープランの核心は目指す「ライフスタイル」

老後マネープランの3つのポイントとして、①何歳まで働くのか、②何歳から年金を受け取るのか、の2つを説明してきました。

そしていよいよ最後3番目のポイントである「どんなライフスタイルを送るのか」について説明します。

実は、この3番目のライフスタイルが老後マネープランの核心であり、だから100人いれば100通りのマネープランがあるのです。

元マッキンゼーアンドカンパニー日本支社長で著名な経営コンサルタントである大前研一さんは、自ら編集した書籍**『時間とムダの科学』（プレジデント社）**の中で、「人間が変わる方法は3つしかない。一つは時間配分を変える、二番目は住む場所を変える、三番目は付き合う人を変える。この要素でしか人間は変わらない。」と記しています。

そして、「時間、場所、友人の中で一つだけ選ぶとしたら、時間配分を選ぶことが最も効果的なのだ。」と指摘しています。

私たちが決める老後ライフスタイルの要素も、この3つに集約されると私は考えています。

すなわち、1日24時間、1年365日という誰にでも均等に与えられている時間をどのような配分で過ごすのかということ。

例えば、生涯現役で何歳になっても仕事をして社会に貢献し続けるのか、それとも完全引退して趣味に没頭したりのんびりと時間を過ごしたりするのか。

あるいは家族との時間をどう考えるのか、ひとりでの思索や瞑想の時間を持つのかどうか。

2番目の「どこに住むのか」も私たちのライフスタイルを大きく変える要素になります。

終の棲家をどうするのかは老後ライフスタイルを考える際に決定的に重要です。

交通の便が良い都会に住むのか、それとも海や山が近い田舎に住むのか。

温泉が好きで毎日入りたい人もいるでしょう。

また、散歩に最適な公園の近くとか、テニスを楽しめる環境がいいとか、ショッピングを楽しむのに最適な立地を望む人もいます。

またどこに住むかは生活コストにも直結します。

住宅に関わるコストはもちろん、物価水準や消費の幅も大きな差が生まれます。

インターネット環境も今後はとくに重要でしょう。

3番目の要素である友人とのつながりも大切です。

ずっと仕事を続ける場合にはこの点でもアドバンテージがあります。

人とのつながりがあって孤独にならないことが最大の認知症予防になるという専門家もいます。

大杉潤の老後ライフスタイル

では、ここで私、大杉潤の「老後ライフスタイル」の計画をお話ししましょう。

これまで何度か触れてきましたので、覚えている読者の方もいるかと存じますが、もう一度、基本的な考え方から説明します。

まず私は、働く期間を3つに分ける「トリプルキャリア」という人生設計図を描いています。

ファースト・キャリアが会社員としてのキャリアで、4つの会社で計33年8カ月間、ビジネスパーソンとして働きました。

セカンド・キャリアが今の働き方で、妻が社長の合同会社であるノマド&ブランディングが受注した企業研修、原稿執筆、メディア出演などの業務委託を受けるフリーランス(個人事業者)として「雇われない働き方」をしています。

いわゆる「セカンドライフ」ならここで終わりですが、私の場合はこの先も「生涯現役」で仕事をしたいと考えていますので、「サード・キャリア」を想定しています。タイミングとしては75歳が目処で、プラスマイナス5歳くらいは健康・体力面の自分の状態によって変化させようと思っています。

数多くのオーナー経営者や会社員時代の先輩方を見てきて、70歳から80歳の間で、健康面・体力面での転機が訪れています。

そこで働き方をチェンジしないと仕事を続けることが難しくなるのです。

この「健康・体力面の壁」に突き当たる年齢は個人差が大きく、最も元気なのがオーナー経営者、いわゆる創業社長です。

それでも多くの経営者が80歳くらいでは限界がやってきて働き方を変えています。息子や娘に社長を譲ったり、事業を売却したりという選択をしているのです。

75歳前後で「健康・体力面の壁」に直面した時に、多くの先輩経営者を見てきて分かったのは、以下の3通りのライフスタイルがあるということです。

1．そのままの働き方を続けて体調を崩し、亡くなるか長期入院生活となる

2．きっぱりと引退を宣言して、悠々自適の生活に入る

3．これまでの仕事を絞り込み、細く長く働き続ける

75歳時点（70歳から80歳の間）で、どんな健康・体力の状態なのかによって以上の選択を決めているように感じますが、1番目か2番目を選ぶ経営者がほとんどなのです。

1番目の今までと変わらずバリバリ働く経営者の場合、無理がたたって社長や会長のまま亡くなる方、大病を患って長期入院となる方が多いと感じています。

どんなに元気そうに見えても、またどんなに楽しい仕事でも、人間の体力には限界があり、それは年齢とともに低下していくことは否めないのです。

2番目のきっぱりと引退する経営者も多くいますが、私の印象では急に覇気がなくなって、老け込んでしまう方が多かったです。

ほどなく認知症になったり、フレイルで寝たきりになったりするケースも多いのです。

最も魅力的なライフスタイルであり、目指すべき人生だなあと感じるのが、**3番目の細く長く働いて生涯現役を貫く経営者です。**

例えば、孫正義氏やスティーブ・ジョブズ氏の大恩人で、102歳で亡くなる直前まで経営のアドバイスをしていた佐々木正（ロケット佐々木）氏。

96歳で亡くなる寸前まで現役で執筆活動をしていたお茶の水女子大学名誉教授の外山滋比古氏。

素晴らしい仕事を死ぬ直前まで続ける人生はほんとうに幸せだろうなと感じるのです。

聖路加国際病院の日野原重明氏も１０５歳で亡くなる直前まで立ちっ放しで講演をしていたと言います。

では、私の「サード・キャリア」はどんな構想かと言えば、現在行っている「収入の複線化」を、こんどは逆に絞り込んでいこうと考えています。

残す事業は執筆業で、メインの活動にしたいと思っています。

とくに大好きな「ビジネス書」の執筆に最も注力したいという思いです。

執筆業に関しては、96歳まで現役で書籍出版をしていた外山滋比古氏というお手本がいます。

また最近、とても勇気づけられたのは、作家の下重暁子氏の言葉です。

下重氏は早稲田大学の先輩で、ＮＨＫに入局して女性トップアナウンサーとして活躍後、民法のキャスターを経てフリーになった方です。

その間ずっと「いつか、物書きで食べていきたい」という思いを持ち続けていたそうです。

そしてそれが叶ったのが何と79歳の時に出版した『家族という病』（幻冬舎新書）がベストセラーになってから。

「80歳を直前にしてやっと、物書きで食べていけるようになった。」と述懐しています。

「強い思いを持って努力し続ければいつか夢は叶う」とこの歳になってやっと気づいた、と下重氏は述べています。

執筆業というのは、人生での経験や知識の積み重ねが活きる仕事であり、世の中に求められているニーズをしっかりと摑み、情熱を持ち続ければ、何歳になっても稼げる仕事だと確信しました。

大杉潤の「終の棲家」戦略

老後マネープランを考える上では、ライフスタイルの2番目の要素である「住まい」も大きなポイントになります。

「住宅は購入（持ち家）がいいか、賃貸がいいか」は永遠のテーマであり、正解はありません。

経済的にはほぼ変わらないというのが定説になりつつあります。

要は個人の好みや価値観の問題ということです。

では私はどうしているかと言えば、住宅については全国に拠点を持つ企業に勤務する「転勤族」の期間が長かったため、ずっと社宅や賃貸マンションに住んできました。

私はもともと東京都国立市の賃貸マンションで育ったのですが、銀行への就職と同時に家を出て独立しました。

独身の頃は、銀行の独身寮住まい。

香川県高松市や、東京では武蔵野市吉祥寺に住みました。

結婚してからは社宅に移り、新宿区神楽坂に10年、広島県広島市に4年、世田谷区に2年。

その後、銀行を辞めて転職することになったため、ふたりの子供の教育環境を最優先に生活を組み立て、子供が通学しやすい場所に住むのを原則としてきました。

だから引っ越しがしやすい賃貸派を続け、子供ふたりが通う学校の関係で、渋谷へ短時間で出られる世田谷区に計10年間住み、かなりの賃貸コストをかけて暮らしてきました。


独立起業を機に、コストが安く妻の実家にも近い埼玉県さいたま市に引っ越し、今も賃貸マンション住まいを続けています。

子供たちがふたりとも独立して家を出た今、いよいよ「終の棲家」をどうするかを考えるタイミングに来ています。

現在の住まいも冬の晴れた日には富士山が見えるなど眺望が抜群で、スタバやコメダ珈琲などのカフェ、そしてスーパー、コンビニなどの商業施設、レストランなども安くて美味しい店が近所にあって住み心地はよく不満はありません。

ただ「サード・キャリア」の働き方になった時には住環境に求める条件が変わってくると考えたので、「終の棲家」を探し始めたのです。

そこで2019年、まだ新型コロナが発生する前に、ワーケーションができる執筆の拠点として、伊豆にリゾートマンションを確保しました。

昔から小説家に人気の伊豆は気候が温暖で、魚が美味しく、温泉も湯量が豊富で源泉掛け流しの温泉が多く、湯治のために滞在すると健康を回復して元気になると言われてきました。

私が書くのは小説ではなくビジネス書なのですが、もともと温泉が大好きで健康にもいいし、海の向こうに伊豆七島を望める景色を眺めているとクリエイティブな仕事をしたくなってくるのです。

この本も伊豆で書きました。

またここには、YouTube動画の撮影収録ができるスタジオ（と言っても会議室ですが）もあり、ほぼいつでも予約ができる環境なので、ほんとうに便利です。

フリーランスは明日の仕事の保障がないため、1年1年が勝負。

将来、万一食べていけなくなった時の保険として「緊急避難住宅」にもなると思い、決断しました。

首都圏のマンションに住む場合と比べて、管理費や固定資産税、その他生活コストも格段に安く済むのです。

管理費は部屋によって異なりますが、2~3万円レベルで、固定資産税も年間で数万円。

基本的にかかるコストはそれだけで、温泉、サウナ、マッサージ機、スポーツクラブのマシン、温水プール、テニスコート、卓球場、会議室はほぼ使い放題。

24時間のフロントサービス、送迎ワゴンのサービス、コインランドリーや和食レストランもあり、欲しいけど無いのはカフェぐらいです。

それと気に入っているのは、ゴミ出しが24時間可能なことと、井戸水が湧き出るため水道代がいくら使っても定額で月1200円のみ（下水道代込み）という点。

これからは、おそらくきれいな水のコストが世界的に大きく上がってくるのではないかと思うので有り難いです。

病院や介護施設、スーパーなどへの送迎ワゴンのサービスもあるため、車の運転をしなくても不便を感じません。

というわけで、今は埼玉県さいたま市と静岡県の東伊豆町とのデュアルライフという暮らし方になっています。

ただ、これはまだ第一段階で、次のステップとして今度は埼玉県かその近郊で、快適な公園がすぐ近くにある環境の良いマンションを探そうと計画しています。

サード・キャリアに移行すると、都心での仕事よりも近隣を散策するニーズが高まってくると予想されるので、近くに散歩に適した公園や緑がたくさんある立地がより重要になってくると思うのです。

さらにその先の第三段階としては、感染症が終息することが前提ですが、もともと夢だったハワイに執筆の拠点が持てればいいなと考えています。

アメリカの永住ビザは取得のハードルが高いし、医療にかかるコストも高額なので、ハワイには3カ月程度のロングステイがいいかなというイメージを持っています。

やはりハワイの碧い海と空、快適な風と開放感は捨てがたいのです。

「いつかはハワイに住んで執筆業一本で食べていく」という究極の夢を、いろいろな場で何度も口に出して宣言してきたのですが、その前のステップとして伊豆と埼玉のデュアルライフの形で仕事をすることにしたのです。

期せずして、翌2020年には新型コロナウイルス感染症が拡大し、都心での3密になりやすい環境から逃れて仕事をするのに伊豆はとても役立ちました。

新型コロナでテレワーク（リモートワーク）が進み、リゾート地で仕事をしながら空き時間に遊びも取り入れる「ワーケーション」という新しいワークスタイルも登場しましたが、私の場合は1年前倒しでそのライフスタイルになっていたわけです。

感染症の状況を見ていると、今後もテレワークの拡大や様々な業務のデジタル化、リモート化、オンライン化は、もう元には戻らない流れになっていくと思われます。

そうした中で、どこにどのように住んで仕事を続けていくのかは、長く働き続けたい人にとって最も大きなテーマになっていくでしょう。

私も次のステップに向けて、今後もマネープランをしっかり立てて、つねに新しい道を探っていくつもりです。

「付き合う人」は仕事がベース

ライフスタイルの3番目として、「付き合う人」はどのように選んでいくのか、私の考え方を紹介しましょう。

会社員をしていた時代（計33年8カ月間）には、第1の場所である「家庭」、第2の場所である「職場」（＝会社）とは別の「第3の場所」が必要で、それを「サード・プレイス」と呼んで、定年後はとくにそのコミュニティーが大切だと考えてきました。**例えば、趣味やスポーツの集まりとか、同窓会のような集まりは楽しいし、定年退職によって会社を離れても継続できる人間関係なので貴重だと感じていたのです。**

会社員時代の先輩方を見ていると、職場の人間関係は定年退職を機にほとんど終わってしまいます。

したがって、とくに男性の会社員には多いのですが、会社の人間関係がすべてという感じになっていると、定年になったとたんに大半の人間関係が途切れて、孤独になってしまうのです。

私の場合は、そもそも転職を3回もしているので、会社での人間関係はそれほど濃密なものではなく、むしろあっさりとした関係でした。

また57歳でフリーになってからは、**新たな仕事のために交流会やフェイスブックな**

どで意識的に繋がりを作り、付き合う人を増やしてきました。

同じフリーランスや、小規模会社の経営者の間でゆるい繋がりが広くあるという感じになり、それがとても心地よく感じます。
基本的に、付き合いたくない人とは付き合わないという選択も自分でできるため、ストレスがありません。
会社員の場合は上司を選べませんし、様々な人間関係の悩みを私も経験してきたので、二度と会社員には戻りたくないというのが本音です。

私がゆるく繋がっている起業家やフリーランスの方々は、そういう適度な距離感を大切にし、気持ちよく応援し合ったり、助け合ったりする人たちが多いのです。
コミュニケーションの手段は、ＦａｃｅｂｏｏｋやＸ（旧Ｔｗｉｔｔｅｒ）などのＳＮＳやメールのほか、最近はオンライン・ミーティングも増えてきました。

新型コロナでなかなか難しくなってきたのですが、リアルなイベントも私は地道にやってきました。
神保町の古本屋街にある子どもの本専門店の「ブックハウスカフェ」にて、2017年5月のリニューアル・オープンを機に、毎月ビジネス書の著者をゲストに迎えるトークショー・イベントをプロデュースしてきました。

さらに最近では、初めて出版する著者のために「書店で開催する出版記念パーティー」を企画・運営させていただき、大好評です。

新型コロナ感染症対策を万全にしながら現在もイベントを開催して応援を続けています。

本に囲まれた素敵な空間で行う「心温まる出版記念パーティー」は著者もお祝いに来てくれた参加者の皆さんも大喜びで、そこで繋がりができた多くの起業家仲間、著者仲間の方々がブックハウスカフェを自ら主催するイベントで使うなど、応援の輪が拡がっています。

皆さんも大掛かりなものではなく、「読書会」や「定年後のマネープランについて語り合う会」などを開いてみてください。おそらく同じ悩みを持った人とつながるこ

とができ、ナレッジを共有できるはずです。

それにより、皆さんに人脈と知見がもたらされ、今度は皆さんがセミナーなどで講演できるようになるでしょう。

Ａｍａｚｏｎの台頭で本もインターネットで買う時代になってきていますが、子ども向けの絵本は実物を見て選びたいというニーズは根強く、イベントに訪れた参加者の方々が後日、お子さんを連れてブックハウスカフェに戻ってくるという現象も次々に起こっています。

私にとってもブックハウスカフェでできたコミュニティーはとても大切なご縁になっています。

ゲストとしてお迎えしたビジネス書の著者の方々は、フリーで活動したり、会社経営をされたりしている人が大半で、一緒に別のイベントを企画したり、仕事の繋がりができたりしています。

私がFacebookを始めたのは2014年4月ですが、わずか7年弱の間に友達が約4000人となり、それまでの人生56年間でできた友達を遥かに上回る人数になりました。

会社員をそのまま続けていたら絶対に出会わなかった多くの魅力的な起業家やフリーランスの人たちと繋がりができています。

会社関係が人間関係のほとんどで、定年退職をする60歳を迎えるとそれが一気になくなって孤独を感じる人が多いと聞いているので、60歳以降にむしろ起業家やフリーランスの仲間が急激に増えている私は、ほんとうに幸せだと感じます。

付き合いたい人とだけ繋がっていますので、正直なところストレスも全くありません。

私の場合は、「付き合う人」は大好きな仕事をベースにしたものなので、仕事を続けている限り途切れることがなく、そういう意味でもますます「生涯現役」が理想だと思うのです。

以上、これまで私、大杉潤の老後ライフスタイルを紹介してきたわけですが、あなたが理想とするライフスタイルと比べて、いかがでしたか？

１００人いれば１００通りの理想のライフスタイルがあると私は考えています。ですから、私の目指すライフスタイルが誰にとっても正解ということはなく、あなたが自分の心の欲するままに決めていけばいいのではないでしょうか。

皆さんの今後のライフスタイルを考えていくための一つのきっかけとしていただければ嬉しく思います。

家計のキャッシュフロー表とバランスシート（B／L）を作成

ここからは少し視点を変えて、家計のキャッシュフローについて述べていきます。

老後２０００万円不足問題に負けないマネープランを立てるにあたって、これまで説明してきたマネープランの３つのポイント（①何歳まで働くか、②何歳から年金を受給するか、③どんな老後ライフスタイルを送るか）をベースにして、家計のキャッシュフロー表を作成することをお勧めします。

まず１２４～１２５ページに掲載した「家計のキャッシュフロー表」をご覧ください。

現在から少なくとも90歳くらいまでの本人と配偶者、子どもの年齢を一番上段に時系列で表示します。

次に、収入については、給与収入（本人・配偶者）と年金収入（本人・配偶者）を分けて実績および今後のシミュレーションを行います。

その他の収入としては、企業年金、副業、不動産収入など、自らの家計で収入として見込めるものを計上します。

一方、支出については、基本生活費（食費・水道光熱費・通信費・日用品費）、住居費、保険料、その他支出、一時的支出に分けて考えます。

住居費は賃貸の場合は家賃や管理費、持家の場合は固定資産税や管理費等になります。

保険料を別建てにしているのは、住宅費に次ぐ大きな支出であるにも関わらず、ここに無駄な支出をしている家庭が多いためです。

生保のライフ・プランナーを除くフィナンシャル・プランナーが相談者に一番にアドバイスするのは「無駄な保険の解約による保険料削減」なのです。

その他支出としては、教育費、交際費、交通費、医療費、被服費などがあります。
一時的支出は毎月発生するものではなく、臨時の出費で修繕費や万一の時の入院費などを想定しています。

車を所有している人であれば車検代や車の買い替え費用も入りますが、カーシェアリングや自動運転の普及に伴い高齢者の車所有は今後無くなっていくのではないかと私は思います。

年金受給開始！

2030年	2031年	2032年	2033年	2034年	2035年	2036年
65	66	67	68	69	70	71
63	64	65	66	67	68	69
33	34	35	36	37	38	39
29	30	31	32	33	34	35
180	0	0	0	0	0	0
120	120	60	0	0	0	0
100	200	200	200	200	200	200
0	0	50	100	100	100	100
0	0	0	0	0	0	0
0	0	0	0	0	0	0
400	320	310	300	300	300	300
216	216	216	216	216	216	216
10	10	10	10	10	10	10
15	15	15	15	15	15	15
150	150	150	150	120	120	120
0	10	0	200	0	0	0
391	401	391	591	361	361	361
9	▲ 81	▲ 81	▲ 291	▲ 61	▲ 61	▲ 61
2,011	1,930	1,849	1,558	1,497	1,436	1,375

2042年	2043年	2344年	2045年	2046年	2047年	2048年
77	78	79	80	81	82	83
75	76	77	78	79	80	81
45	46	47	48	49	50	51
41	42	43	44	45	46	47
0	0	0	0	0	0	0
0	0	0	0	0	0	0
200	200	200	200	200	200	200
100	100	100	100	100	100	100
0	0	0	0	0	0	0
0	0	0	0	0	0	0
300	300	300	300	300	300	300
216	216	216	216	216	216	216
10	10	10	10	10	10	10
10	10	10	10	10	10	10
120	120	100	100	100	100	100
0	10	0	0	10	0	0
356	366	336	336	346	336	336
▲ 56	▲ 66	▲ 36	▲ 36	▲ 46	▲ 36	▲ 36
819	753	717	681	635	599	563

できれば90歳位までシミュレーション！

家計のキャッシュフロー表

（単位：歳・万円）

項目		2025年	2026年	2027年	2028年	2029年
年齢	本人	60	61	62	63	64
	配偶者	58	59	60	61	62
	長男	28	29	30	31	32
	長女	24	25	26	27	28
給与収入	本人	700	360	360	360	360
	配偶者	120	120	120	120	120
年金収入	本人	0	0	0	0	0
	配偶者	0	0	0	0	0
企業年金		0	0	0	0	0
その他収入		1,500	36	36	36	0
収入合計		2,320	516	516	516	480
基本生活費		240	240	240	240	216
住居費		10	10	10	10	10
保険料		15	15	15	15	15
その他支出		180	180	180	180	150
一時的支出		500	100	0	200	0
支出合計		945	545	445	645	391
年間収支		1,375	▲ 29	71	▲ 129	89
金融資産残高		2,000	1,971	2,042	1,913	2,002

定年再雇用により年収ダウン

項目		2037年	2038年	2039年	2040年	2041年
年齢	本人	72	73	74	75	76
	配偶者	70	71	72	73	74
	長男	40	41	42	43	44
	長女	36	37	38	39	40
給与収入	本人	0	0	0	0	0
	配偶者	0	0	0	0	0
年金収入	本人	200	200	200	200	200
	配偶者	100	100	100	100	100
企業年金		0	0	0	0	0
その他収入		0	0	0	0	0
収入合計		300	300	300	300	300
基本生活費		216	216	216	216	216
住居費		10	10	10	10	10
保険料		15	15	10	10	10
その他支出		120	120	120	120	120
一時的支出		0	10	0	200	0
支出合計		361	371	356	556	356
年間収支		▲ 61	▲ 71	▲ 56	▲ 256	▲ 56
金融資産残高		1,314	1,243	1,187	931	875

以上の収入と支出をそれぞれ合計して、その差額が年間収支となり、プラスになれば家計収支は黒字で金融資産残高が増加（預貯金ができる）し、マイナスになれば赤字で金融資産残高が減少（預貯金を取り崩し）します。

こうした家計収支を月ごとに出したうえで、年間の家計収支を計算し、それを現在から毎年試算して、少なくとも90歳、できれば100歳までのシミュレーションを行って、人生全体のマネープランを「見える化」してみましょう。

老後の「お金」の不安は、人生の全体を通した家計収支が見えないことから漠然とした不安が拭い去れないために起きるのです。

一番下の段にある「金融資産残高」の推移をみていくことで、その都度将来の家計のキャッシュフローを見直していくことができます。

『資産寿命』（朝日新書）、『定年前、しなくていい5つのこと』（光文社新書）などの著書がある経済コラムニストの大江英樹氏は、「お金の使途と出所の三分法」を提唱していて、参考になります。

お金の使途と出所の三分法

使途	日常生活費	自己実現費・ 一時的出費	医療・介護施設 入居費
出所	公的年金 企業年金	働いて 得る収入	退職金 金融資産
	確定した金額で 終身給付	楽しむために 働く	不確実な支出は 確実な手元資金で

（出典）日本経済新聞社セミナー・大江英樹氏作成資料より

それは、老後のお金の使途を「日常生活費」「自己実現費・一時的出費」「医療・介護施設入居」の３つに分け、それぞれに対して、お金の出所を分けて管理することです。

上の図にある通り、日常生活費は毎月の費用が読めるため確実に終身の収入として入ってくる公的年金（プラス企業年金）で賄うようにします。

次に自己実現費や一時的出費（旅行や外食など）は働いて得る収入を原資にします。まさに、「楽しむために働く」ということで、働くモチベーションを上げていくのです。

最後の医療・介護施設費が実は一番難しい、と大江氏は言います。

なぜ難しいかと言えば、施設によっては1000万円単位のまとまった金額が必要になるのに、自分やパートナーの健康状態に関して、果たして施設入居が必要になるのかどうか、また必要になるとしたらどのタイミングで必要になるかが誰にも分らないからです。

いつ何時、必要になるかが分からない出費なので、確実に手元にあるお金、すなわち退職金や預貯金などすぐ現金化できる金融資産として準備しておくことが大切だということです。

以上は家計のマネープランに関する「フロー面」でしたが、もう一つ、「ストック面」もチェックしておくことが大切です。

それは、家計のバランスシート表（B／S）を作ることで家計の体力が「見える化」できます。130ページの図をご覧下さい。

左側に毎年の年末時点での資産を、右側に負債および純資産（資産マイナス負債）を計上しましょう。

項目としては、資産については「金融資産」「実物資産」「生命保険」に分けます。負債については、「住宅ローン」と「その他のローン」の2つ。

そして、資産から負債を引いたものが純資産で、これが大きいほど家計の健全性が高い、体力があることになり、不意の支出にも耐えられるのです。

先ほど説明した家計のキャッシュフローがプラス（黒字）であれば、純資産は増えますし、マイナス（赤字）になれば純資産が減少し、預貯金を取り崩していくことになるのです。

だからこそ、次の2点に留意して、老後のマネープランを立てるべきです。

1．毎年の家計の収支（キャッシュフロー）をプラス（黒字）にすること

2．毎年定点観測（毎年末など）で、家計の純資産の水準をチェックすること

以上の2点を実際に、家計キャッシュフロー表や家計バランスシート（B／S）を作成することで、できれば夫婦で確認し話し合うようにしましょう。

家計版 貸借対照表（バランスシート）の図表化【例】

資産		負債・純資産	
金融資産	720万円	住宅ローン	1800万円
自宅不動産・車	4100万円	純資産残高	3200万円
その他	180万円		
資産合計	5000万円	負債・純資産合計	5000万円

家計版 貸借対照表（B/S表）

			（記入例）	あなたの金額記入
資産	金融資産		720万円	
	預貯金		370万円	
	株式・投資信託		240万円	
	外貨建て商品		110万円	
	実物資産		4100万円	
	自宅不動産		4000万円	
	その他不動産、車など		100万円	
	生命保険（積立型）		180万円	
	家計の資産合計	（A）	5000万円	
負債	住宅ローン		1800万円	
	その他ローン		0万円	
	家計の負債合計（B）	（B）	1800万円	
（差引）純資産残高		（A）－（B）	3200万円	

マネープランの仕上げは「資産運用」

これまで説明してきた老後マネープランの3つのポイント（①何歳まで働くか、②何歳から年金を受給するか、③どんな老後ライフスタイルを送るか）に加えて、本章の最後では資産運用について、私の考え方と戦略を述べたいと思います。

資産運用や投資に関して、私は新卒後20年以上ずっと銀行員をしていたので、あまり皆さんに胸を張って体験談をお話しすることができない状態でした。

銀行業というのは、余っているところからお金を集めて預かり、お金の足りないところへ供給する（融資する）のが本業なので、銀行員は仕事でいつも組織のことばかり考えていて、どうしても自分個人の資産運用という視点を持ちにくいのです。

インサイダー取引の禁止や自社で扱う商品を優先するなど、様々な制約も受けています。したがって正直なところ、自ら考えて資産運用をするという発想自体をなかなか持ち得ない立場でした。

それともう一つ、先ほど「住む場所」のところでも述べましたが、我が家では子どもの教育を最優先に家計の運営をしてきたので、教育費への投資が第一でした。

子どもが中学生になる頃からは家賃と教育費を払うとほとんど貯蓄に回すお金の余裕もない状態で、住宅を購入したわけでもないのに、資産形成が進まないという状態だったのです。

また一つの会社に定年まで勤め上げた会社員の方々とは異なり、私は3回も転職しているため、退職金は2社でもらいましたが、30年以上を1社で勤めた人に比べれば金額は少ないものでした。

したがって、資産運用に関しては主にフリーになってから取り組んでいます。

57歳で独立した当初は当然、毎月のお金に余裕もなく資産運用どころではなかったので、実は本格的に考えて運用を開始したのは60歳になった頃でした。

ただ、この60歳というタイミングで、これまでのマイナス面がオセロゲームの大逆転のように、すべてがプラス面に転じたのです。

まず長男の7歳下の長女が大学を卒業して独立し社会人になったため、メインの出費だった教育費がゼロになりました。さらにフリーになって3年目から事業が軌道に乗り始めて、売上と利益が大きく増加しました。

普通の会社員の場合は60歳になると年収が大きくダウンしますが、私の場合は逆に大きく増えたのです。支出が減って収入が増えたので、これまでの家計が一変し、資産運用を初めて本格的に考える状況になりました。

私たちの事業の管理部門は、ファミリーカンパニーの社長である妻が主に担当しています。**家計にゆとりが出始めた時に妻が最初に始めたのは「つみたてＮＩＳＡ」の活用でした。**

これは年間40万円までの投資について売却益が非課税になる制度で、20年間で合計

800万円まで投資の売却益に一切の税金がかかりません。

これは月額に直すと3万3333円の積み立てで、毎月この金額を夫婦それぞれが積み立ててインデックス投信を買うことにしました。

日本では投資教育が遅れているのと、投資信託が発達してきた歴史が不幸なことに、証券会社が頻繁に乗り換えさせて手数料を稼ぐビジネスとして投信販売をしてきたことから長期投資でじっくりと資産を増やすという考え方が根付いていないのです。

それが、2018年にスタートした「つみたてNISA」では、金融庁の肝いりで「長期・積立・分散」というコンセプトによって対象となる投資信託を選定したため、基本的に販売手数料ゼロ（「ノーロード」と呼ぶ）で、且つ信託報酬も安い投資信託がラインナップされました。

私も銀行員時代に投資信託を個人にも法人にも売っていたのでよく分かるのですが、日本の投資信託の大半は手数料コストが運用益を上回ってしまい、多くの購入者が損失になっていました。

また利益が出るとすぐに売却して次の新しい投資信託に乗り換えるということを推奨してきたので、１本１本の投資信託も長く資金を預かってじっくり運用するということができなかったのです。

信頼できるファンドマネージャーなどの人材も育ちませんでした。

そうした悪循環が、つみたてＮＩＳＡの導入により大きく変わりつつあります。

欧米ではずっと昔から主流になっている長期・分散で積立投資によって投信を買うという投資法が日本でも資産形成の王道になりつつあります。

私が参考にしたのはやはりビジネス書で、『**お金は寝かせて増やしなさい**』（**水瀬ケンイチ・フォレスト出版**）という本です。

この本は、「長期・積立・分散」という投資の基本方針で、ドルコスト平均法を使って、ＴＯＰＩＸや米国Ｓ＆Ｐ５００などの株価指数に連動するインデックス投資信託を毎月定額で購入していく投資法を推奨しています。

毎月一定額を口座引き落としで積み立ててインデックス投資を行い、「お金を寝か

せて増やす」というものです。

日本でもつみたてＮＩＳＡの導入によりインデックス投信の手数料が欧米並みに引き下がったことから、こうした積立投資で長期にわたる資産形成を行うことが可能になったのです。

これから日本は人口が減少し経済成長も難しくなっていくと予想されるので、円安になるリスクも考えて、外貨建てのインデックス投信により国際分散投資を行うことが重要だと私は考えています。

投資信託にはアクティブ投信といって、よりリスクを取ってインデックスよりも高いパフォーマンスを狙う投信もありますが、老後の資産運用のメインはインデックス投信がいいのではないかと私は考えて、その通り実践しています。

それから「ひとり起業」した人について、会社員にはない有利な運用法があるので紹介しておきます。

小規模企業共済という退職金積立制度で、個人事業のフリーランスや小規模企業の経営者、役員に認められている制度です。

積み立て貯蓄でありながら、月額７万円（年額84万円）までは積み立てた全額を所得控除できます。

つまり現金が出ていかない経費を毎年84万円計上できるのと同じ効果があります。現金が減ることのない経費である減価償却費と同じで、小規模事業者にとってはとても有利な運用法になります。

我が家では、私は個人事業者として、妻は小規模企業であるファミリーカンパニーの経営者として、この制度を活用して事業をやめた時の退職金として準備しています。

個人事業者としてはこれ以外に、先に述べた国民年金基金があり、これも別枠で月額６万８０００円（年額81万６０００円）を限度に積立額の全額が所得控除となり、これも有利な資産運用となります。

これまで「定年ひとり起業」のマネープランを解説してきましたが、最後に結論として次の最大のメリットを皆さんにお伝えしたいと思います。

それは、ずっと会社員として勤務してきた人が、定年前後に「ひとり起業」をしてフリーランスになるのは最もリスクが少なく、且つ老後が有利な働き方だ、という事実です。

その要因はズバリ、最初からフリーだった事業家に比べて、会社員として積み立てた有利な厚生年金をもらいながら、終盤で国民年金にシフトしてさらなる年金の増額を狙い、且つ定年のない働き方をして何歳まで働くかを自ら決めることができる、ということです。

ある程度の金額の年金収入があるので、例えば月5万円の収入であったとしてもかなりゆとりある生活を送ることができます。

夫婦で5万円ずつ稼げば年金プラス月10万円の収入です。

もし、年金を受給しなくても生活できるレベルの稼ぎがあれば、年金受給を繰り下げ、70歳まで延ばせば１・42倍、75歳まで延ばせたら１・84倍の年金をそのあと終身でもらうことができます。

これは最初から個人事業者としてやってきた人にはなかなか難しく、「定年ひとり起業」ならではの優位なポジションと言えるでしょう。

実は公的年金の繰り下げ受給をしている人は驚くほど少なく、年金受給者のわずか１・５％しかいません（逆に繰り上げ受給している人は約20％です）。

自分の好きなことを仕事にし、楽しむためのお金を稼ぎ、なるべく現役時代を長くして年金受給を繰り下げて増額させていく。

その間に順調に収入が上がっていけば、節税メリットの大きい小規模企業共済、国民年金基金を使って資産運用し、さらにゆとりがあればつみたてＮＩＳＡや一般の証券口座でインデックス投信を長期・積立・分散で行っていく。

それが今、私が実践しているマネープランです。

「定年ひとり起業」ならではのメリットをぜひ、あなたも目指してみませんか。

きっと老後資金の不安とは無縁になるでしょう。

第3章のポイント

◆マネープランは「人生プラン」で、１００人いれば１００通りある

◆マネープランの核心は、①何歳まで働くか、②何歳から年金をもらうか、③老後ライフスタイルをどうするか、の3点

◆健康・体力面からくる「75歳の壁」を意識したトリプルキャリアで生涯現役を目指せば、公的年金の繰り下げ受給が可能になる

◆家計のキャッシュフロー表とバランスシート（B／L）を定期的に作成してマネープランを「見える化」する

◆マネープランの仕上げは「資産運用」、長期・分散・積み立てのインデックス投信による国際分散投資を基本にする

第4章

全公開！ 大杉潤「定年ひとり起業」への道

「定年ひとり起業」というライフスタイル

あなたは「定年ひとり起業」と聞いて、どんなライフスタイルをイメージされますか？

何となく定年退職者が行う細々と寂しい個人事業で、内職に毛が生えたような姿が目に浮かぶかも知れません。

また、若いＩＴ起業家が「一攫千金」を夢見てＩＰＯ（株式公開）を目指す独立起業とは違って、試行錯誤しながら何とか生活していけるレベルの収入を得ているイメージでしょうか。

まず、「定年ひとり起業」という定年後の「雇われない働き方」というライフスタイルがどのようなものなのかを理解してもらうために、最初に私 大杉潤の現在の仕事、働き方、そしてライフスタイルを紹介します。

そのうえで、33年以上も「雇われる働き方」である会社員を続けてきた私が、どんなプロセスで起業してきたのか、そこにいたるまでに何を考えどう行動してきたのかを、失敗談を含めてすべて公開したいと思います。

２０１５年11月に57歳で起業（ファミリーカンパニーの合同会社ノマド&ブランディングを設立）した私は現在、起業6年目になります。

もちろん最初から事業がうまくいっていたわけではなく、試行錯誤、紆余曲折を経て、２０２１年3月現在（62歳）での仕事は大きく分けて以下の５つの柱から成っています。

そして今は、１００%好きな仕事しかしていません。

1. 企業研修の講師

2. 中小企業の経営コンサルティング

3. 個人コンサルティング（キャリア、ブランディングなど）

4. テレビ、ラジオ、WEBメディアでの情報発信（出演・寄稿）

5. ビジネス書の執筆・出版

もちろん毎月、収入には変動がありますが、概ね収入の多い順番に、前記の5つが仕事の柱になっています。

ファミリーカンパニーの社長は妻で、私はフリーランスのチーフ・コンサルタントとして業務委託で仕事をしています。

なぜ、こういう形態で働いているのかについては後ほど詳しくお話ししますが、いくつかの「深い意味」があります。

私たちの会社も私自身も、1年365日仕事をしているので休日はまったくありません。土日はむしろ平日以上に忙しく稼働しています。

いわゆる「年中無休の生活」を独立以来5年以上も続けていますが、まったくストレスがありません。また会社員時代と比べて疲れるということもまったくないのです。

なぜかと言えば、好きな仕事しかしていないからです。

24時間仕事のことを考えていると言っても過言ではありませんが、それが楽しくて仕方ないという感覚なのです。

新入社員の時からの私の趣味が「ビジネス書を読むこと」で、今はそれが仕事になっています。会社員時代の息抜きの時間が今は仕事の時間なので、毎日仕事をしているという意識がありません。

毎日ビジネス書を読み、年間300冊くらい購入していたので、会社員時代は本代がバカになりませんでした。私はお酒が弱くてあまり飲めない方なので、普通の人の酒代の代わりに本代をふんだんに使うという会社員生活でした。

フリーになって一番良かったのが、本代がすべて経費になること。

これまでは税引き後の所得の中から自費（こづかい）で本を買っていたのが、独立した瞬間から経費計上できることになりました。

買ったビジネス書を読んで、その書評をブログにアップすることが仕事のベースになるので、顧問税理士の指導の下、全額経費計上しています。

そうして喜んでいたら、ブログを読んでくれたビジネス書の著者や出版社の方々から、献本をいただくことが増えてきました。

私の場合は、献本で受け取ったビジネス書は原則としてすべて読んでブログに書評を掲載していますので、一度送ってくれた方々は１００％献本のリピーターになり、献本がどんどん増えていきます。

経費計上で喜んでいたら、今度はタダで読みたいビジネス書を読める立場になりました。

起業して何より楽しいことが、この大好きなビジネス書に囲まれて仕事ができることなのです。

私の書評ブログがなぜ仕事になるのかは後ほどお話ししますので、今はそういう趣味が仕事になったライフスタイルだということだけご理解ください。


では皆さん、関心のある収入はどうなのか。

起業して1～2年目までは正直に言って厳しいものがありました。

後ほど説明いたしますが、３年目に企業研修の講師を事業のメインにしてからは安定して売上、利益が上がるようになり、家計トータルのキャッシュフローとしては会社員時代の最後より多くなりました。

同じ年収だった場合、全額が給与収入である会社員よりは、起業家やフリーランスの方が様々なメリットがあります。

主なメリットは次の３つです。

1. 好きな仕事ができる
2. 働く時間や場所の自由度が大きい
3. 経費の範囲が広く、節税の手段も多いため、手取り収入を増やしやすい

これ以外にも人脈の拡がりや仕事のやりがいなど、様々なメリットがあるのですが、何と言っても大きいのは「自己決定感」です。

仕事内容、働く場所や時間などの働き方、今後の事業計画など、すべてを自分で決めているという感覚は、私の「仕事観」「労働観」を一変させました。

本来、仕事は楽しいもの、働くことは楽しいことなのだと心の底から思えるようになりました。

独立して4年目には、それが結果として出始めて、3回の転職でもなかなか抜くことができなかった「会社員としてのピーク年収」を大きく超える収入になりました。会社員としてのピークはバブル時代に銀行員の管理職として得ていた年収です。

しかしながら5年目は全く予想もしなかった新型コロナウイルス感染症の拡大によって、翌々日に控えていた2度目のNHK出演の収録が緊急事態宣言が発出されたことによってキャンセルになったり、かなりの登壇日数が決まっていた企業研修が4カ月の間すべてキャンセルになってしまったりして、創業以来続けてきた増収増益の決算もストップしてしまいました。

それでもコロナ時代のビジネス・スタイルとして「オンライン研修」にシフトし、コンサルティングや打合せをWEB会議とするテレワークの活用で売上が徐々に回復しました。従業員を雇うような起業では社員のコンセンサスを得たり、社員のデジタルスキルに依存したりするので、これほどスピーディーにデジタル化に移行できなかったと思います。

迅速な転換が功を奏して、昨年第5期目の決算でも何とか黒字を確保して無事に納税することができました。

独立起業してからつねに、真摯に誠実に仕事に向き合い、全力で取り組んできたことを高く評価してくださる多くのお客様や素晴らしいビジネス・パートナーに恵まれたおかげです。

起業の成否を決める「ミッション」「ビジョン」と「戦略」

規模の大小に関わらず、伸びている会社に共通しているのが、ミッション、ビジョンおよび戦略が明確であることです。

２０１９年7月27日付日本経済新聞のインタビュー記事で、ソフトバンクグループの孫正義社長が、「デジタル全盛時代に生き残る経営者の条件は?」という質問に対して、以下のように答えています。

「独自のビジョンと戦略を明確にできるかどうかだ。企業経営では、まず最上位に存在意義を示す理念があり、それを具体化するビジョンがあって、ビジョンを達成するための中長期の戦略がある。当社でいえば、理念は『情報革命で人々を幸せにすること』。ビジョンは『全ての産業をAIが再定義する』ということで、戦略が『ビジョン・ファンド』だ。その下に戦術、計画がある」（２０１９年7月27日付日本経済

新聞）

孫正義社長が言っている理念が、すなわちミッション（社会的使命）で、「なぜ私たちは社会に存在しているのか」ということ。

そしてビジョンとは、5年後あるいは10年後の「あるべき姿」（＝目標）で、これが明確に描けている企業は伸びるということです。

そして、そのビジョンを実現するための方法が「戦略」。

つまり、ミッションはWHY（なぜ存在するのか?）、ビジョンはWHAT（何を実現するのか?）、そして戦略はHOW（どのように実現するのか?）ということです。

この3つが明確に描けている経営者の会社は、世の中がどんなに変化しても、経営の軸がぶれることなく、社員が一丸となって対応していくので、成長できるというわけです。

「定年ひとり起業」のようなスモールビジネスでも原理はまったく同じです。

あるいは、個人の人生そのものも同じだと私は考えています。

例えば、「自分は何のために生きているのか」「何を持って社会に貢献できるのか」というのがミッション（WHY）です。

そして、5年後とか10年後のあるべき姿、目標（WHAT）がビジョン。

さらに、そのビジョンを実現するための方策、アクションプランが人生戦略（HOW）になります。

ライフワークを持って生き生きと活動しているシニア世代の人は、この3つの軸がしっかりと描けていて、ぶれないから元気なのでしょう。

因みに、ファミリーカンパニーの合同会社ノマド&ブランディングのミッション、ビジョン、戦略は以下の通りです。そのまま私の人生戦略にも通じるものです。

◆ミッション：世界中の人たちにビジネス書の素晴らしさを伝えていく

◆ビジョン：ハワイにて世界3000万部のベストセラー『七つの習慣』（スティーブン・コヴィー・キングベアー出版）を超えるビジネス書を出版する

◆戦略：ビジネス書の出版に繋がる執筆業を最優先に事業を組み立て、収入を複線化

して、長く働き続ける基盤を構築する

実は、「定年ひとり起業」の場合は、事業としての「ミッション」「ビジョン」「戦略」がそのまま人生の「ミッション」「ビジョン」「戦略」となり、生涯現役の人生設計が描きやすいという最大のメリットがあるのです。

私が個人コンサルティングで、キャリア開発や独立起業の相談を受ける際には、いの一番にこのミッション、ビジョン、戦略を明確に描くことをアドバイスしています。

そのくらいこの３つは起業の成否を決める大切な要素なのです。

33年間続けた会社員から57歳で独立起業できた理由とは?

ではここからは、長年会社員として「雇われる働き方」を続けてきた私が、どのようなことを考え、どんなキッカケで「定年ひとり起業」に至ったのかを順を追って述べていくことにしましょう。

まず新卒で銀行に入った経緯から話を始めます。

大学のゼミ教授や仲間の影響もあり、就活では新聞記者を目指していました。いわゆるマスコミ志望で、狙っていたのは読売新聞、朝日新聞、日本経済新聞やNHKといった大手マスコミ。

早稲田マスコミセミナーというマスコミ対策の名門塾が早稲田に近い高田馬場にあって、大学3年後期から週1回通い、模擬試験では時々トップを取るくらい真剣に目指していました。

当時の大手マスコミの採用試験は筆記試験（時事問題・英語・作文の3科目）で足切りをして、そのあとに面接という順番。

私は筆記試験には自信があったので、面接の練習を積むためになるべく難しそうな銀行の面接を受けることにしました。

もともと受かることが目的ではなかったので、度胸試しなら難しい会社ほどいいと思って日本興業銀行を受けたのです。

興銀は1次、2次、3次面接（最終）と毎日続けて朝1番で呼び出され、3次面接をした日の夜に内定の電話連絡をもらいました。

当時は電話で断るのは失礼とされ、内定が出た会社を訪問して断りました。

ですので、興銀にも断わりに行こうかと思ったのですが、ふと魔が差します。

内定の知らせを聞いた両親が尋常ではない喜び方なのです。

当時の興銀は、民間企業では別格の人気企業で、東大や一橋大の学生では霞が関の中央官庁（国家公務員）を除けば民間企業で人気トップの就職先、最も福利厚生が充実している会社という評判でした。

大学受験の時に浪人して予備校に行かせてもらった挙句、学費の高い私立大学に入学、卒業させてもらった両親に、一度くらいは親孝行しようかという気になったのです。

結果的に新聞記者志望を取り下げて興銀に入行することになったのですが、噂に違わず本当にいい会社でした。

給料も福利厚生も確かにいいのですが、それ以上に中にいる人材が凄いのです。国家公務員試験に合格して中央官庁に内定したのを蹴ってきた人や司法試験に合格した人など、自分より優秀な人たちをこれだけ多くいっぺんに見たことはありませんでした。

ただ、当時は東大・京大・一橋大・早大・慶大の五大学の文系学生が95%以上という同質的な人材ばかりを採用する組織だったので、その分だけ後の金融自由化やバブル崩壊といった大きな環境変化に対応できなかったのかも知れません。

新卒入社の経緯を詳しく書いたのは、実は「独立起業の原点」がこの時の経験に深く関わっているためです。

マスコミへの入社をやめたものの、ずっと物書きとしての生き方を考え続け、独立する段になって、その夢を果たそうという思いがずっと潜在的に残っていくこととなりました。

結果的に私は居心地が良かった興銀に22年間勤務することになりました。

どんな感じだったかと言うと、ＴＢＳの人気ドラマ「半沢直樹」の主人公のような感じで、言いたいことを言って、結果は出すが上司へのゴマすりが下手な銀行員でした。

もちろん派閥の力学にも興味なし。

不幸だったのは、エリートコースのひとつである産業調査部に配属された30歳代前半の時に最も逆らった直属の上司が、私の上司の中では最も出世して副頭取にまでなったことです。

銀行に入ったことも出世コースから外されたこともまったく何の後悔もありませんが、興銀での最後の経歴は、半沢直樹と同じように不良債権処理や企業再生に奔走して、グループ会社に出向となりました。

半沢直樹は系列の証券会社へ出向でしたが、私は系列の不動産会社へ出向し、そこでまた不良債権処理を担当しました。

そのタイミングで、第一勧業銀行、富士銀行との三行統合が発表され、みずほへの統合となったため、新しく前向きな仕事がしたいと思って、転職しました。

当時の石原慎太郎・東京都知事のもとで、新しい銀行である、新銀行東京を作るプロジェクトに創業メンバーとして参画することにしました。

たった1年で金融庁の認可を得て、新銀行東京を立ち上げました。

初めての転職は「清水の舞台から飛び降りる」くらいの一大決心でしたが、同じ決心をするならほんとうはこのタイミングで独立起業してフリーになりたかったのです。

子供がまだ小さくて教育費がかかること、妻の反対も明らかだったこと、私も勇気がなかったことから転職を選んだのです。

新銀行東京での4年間は激動の日々でした。

不良債権が拡大して経営がうまくいかず、また転職することになります。

人材関連の会社に2年、そのあと地方に本社のあるメーカーに5年8カ月勤務することになりますが、それぞれの選択にもまったく後悔はありません。

その時々のベストな選択だった、と今も考えています。

全部で4社にて会社員をやってきましたが、辞めるときに共通していたのは「自分の仕事に対する評価が理不尽で納得できない」ということ。

決して華麗な転職などではなく、やむを得ず新しい未知の世界へ踏み出したものでした。とくに転職した2社目からは実績評価の年俸制で、評価がそのまま待遇に直結します。

最後の4社目を辞めるとき57歳になっていましたので、さすがにいい条件での転職は難しいし、気持ちも独立に傾いていました。

幸い子供の教育費にもほぼ目処がついた時期でもあって、思い切って独立起業の道を選ぶことにしたのです。

ここでも、華麗な独立などではなく、やむを得ないベストな選択として独立を選んだのでした。

私の場合は結果的に、転職を繰り返す中で子供の成長という時間を稼ぎながら、起業に向けて少しずつ環境を変えて準備することになりました。

そして、誰もが悩む「起業のネタ」については、学生時代に目指していた新聞記者を思い出し、「書くこと」を軸に据えることにしたのです。

独立起業のキッカケとなった3つの出来事

ビジネス書作家と出会ったことで、将来の夢、作家業を意識するようになった

しかし、転職と違って、独立起業は家族の反対という壁が格段に高く、一筋縄では行きませんでした。

それでも何とか壁を乗り越えて、フリーランスに踏み出せた「3つの出来事」についてこのあと順に述べていきます。

最初に独立起業を意識したのは2007年9月、1回目の転職先である新銀行東京に勤務している時でした。

プライベートの旅行で、アメリカのアリゾナ州・セドナを訪れた瞬間です。

ここは、ネイティブ・アメリカンの聖地で、1億年前に海底が隆起してできた街。有名なグランド・キャニオンに近い風景の茶色い岩の大地が広がっています。

新型コロナ感染症が拡大する前は、世界中から年間400〜500万人が訪れる世界有数のスピリチュアル・スポットです。

行った人は分かると思いますが、街に入った瞬間に、何とも言えない神秘的な雰囲気が伝わってきます。

地球の磁気が特に強い「ヴォルテックス」と呼ばれる4地点があり、現地の日本人ガイドの案内で、そのうち3地点を回りました。

夕方、滞在していたホテルのあるスコッツデールまで戻るワゴン車の中で、私は目を開けていることができず、道中の2時間ずっと深い眠りに入ってしまいました。

そのくらいセドナの街にはパワーがある、ということです。

セドナの大自然の中で閃いたのは、一度しかない人生を思った通りに生きようということです。

自分が抱える悩みや心配事などは取るに足らない小さなものだと思えてきたのです。

セドナには感性の鋭い人を惹きつけるパワーがあって、旅行で訪れた芸術家やヒーラーたちが数多くそのままセドナに住み続けてしまう、と言います。

人生の中で何か壁にぶつかった時に、いつもこのセドナの大自然を思い出し、気持ちを奮い立たせることができます。

たった1日、偶然に訪問しただけなのですが、セドナが私の心の拠り所であり、独立起業の原点になっています。

実は、アリゾナ州のスコッツデールにあるホテルに3日間滞在したのは、現地に住むビジネス書作家のマーク・ダグラスさんに会うためでした。

『Trading in the Zone』、**邦訳版は『ゾーン―相場心理学入門』**（パンローリング社）という相場に向き合うトレーダーの投資心理について書かれた本です。

本を読んでぜひ著者のダグラスさんに会ってみたくなり、英語でメールを送ったら、自宅に近いスコッツデールのホテルで一緒に朝食を取ろう、ということになったのです。

アポイントの2日前に現地入りして、前日は丸1日空いていたので、近くに観光できるスポットはないかと探してセドナ（車で2時間の距離）を見つけたという経緯です。

そういう意味では、マーク・ダグラスさんが私をセドナに呼び寄せてくれたのかも知れないと感じています。

ツイッターの情報拡散力を体験。情報を発信する仕事及び起業した後の自分の会社のPRプランも具体的になった

独立起業のキッカケになった「2つ目の出来事」は、2009年12月24日に開始したツイッターです。この日は、ソフトバンクの孫正義社長がツイッターのアカウントを開設してつぶやき始めた日です。

私も同じ日に、渋谷のアップル・ストアでiPhoneを購入してツイッターを始めました。

2007年にセドナとハワイに一人旅した時に、アメリカでiPhoneが発売になり、翌年日本でも発売されてスマホ・ブームが巻き起こっていました。

当時、ツイッターはまだ広がり始めたばかりで、勝間和代さんや歌手の広瀬香美さんが始めて、その拡散力や将来の可能性を発信している最中でした。

ツイッターとiPhoneとの相性はとても良く、とにかく発信がしやすいのです。

私も大好きなハワイの情報を毎日つぶやいて、どんどんフォロワーが増えていきま

した。

孫正義社長は、ＮＨＫ大河ドラマで大人気になった『龍馬伝』を観た感想や、坂本龍馬がいかに素晴らしいかを盛んにツイートして大きな反響を巻き起こしていました。

私のツイッターアカウントでフォロワーが急激に増えた出来事として、ＪＡＬの経営破綻がありました。

２００９年の年末から２０１０年の年始にかけてＪＡＬ経営破綻の噂が出て、「株は売った方がいいのか」、「貯めたマイルは使ってしまった方がいいのか」がツイッター上でもホットな話題になっていました。

私は、ＪＡＬは再生型の法的整理になると予測していたので、「株式は株主責任ということで紙くずになる可能性が高いので値段がつくうちに売った方がいい」、「マイルは航空会社として存続するなら顧客を維持するためにそのまま有効となる可能性が高いので、無理に使わない方がいい」と発信しました。

「株は売却、マイルは保持」という私が発信した結論は、その後２０１０年１月に

ＪＡＬが会社更生法を申請して経営破綻し、再生されることになって、結果的に正解の対応になりました。

年末年始にハワイ情報、箱根駅伝の実況中継、ＪＡＬの経営破綻に関するツイッターでの発信が人気になってフォロワーが急増したのです。

アカウント開設日から毎日、ツイッターによる発信は今も続けていて、昨年のクリスマスイブで11年を超えました。

ツイッターの持つ拡散力やリアルタイム性は大きな可能性を秘めていて、起業にも大きなプラスとなりました。

ブログが自分を知ってもらうための強力なコンテンツであると確信

情報発信としてもう一つ、２０１３年9月29日に開始したブログが、独立起業のキッカケとなる「３つ目の出来事」になります。

ブログを始めた経緯は、毎日読んでいる大好きなビジネス書の内容を時間が経つと忘れてしまうことが多く、個人用のメモとして「本の要旨やポイントを書き留めておきたい」ということでした。

ブログという便利なツールがあり、非常に低コストで大量の記事をストックできる、しかもネット上に公開もできるということを知りました。

当時は55歳という年齢で、４社目の会社に勤める定年世代サラリーマン、しかもITリテラシーも特別高いわけではなかったので、ブログの立ち上げには苦労しました。

いずれ独立起業した際にはビジネスで使いたいという気持ちがありましたので、簡単に立ち上げられるアメブロなどの無料ブログではなく、自分できちんと独自ドメインを取ってレンタルサーバーを借りる形のワードプレスを使って、入門書と格闘しながら独学でブログを立ち上げました。

起業の準備を本格的に始める段階になってプロにサイト修正を依頼したり、ブログの個人コンサルティングを受けたりして、徐々に現在の書評ブログ形式に近づいてい

ったのです。

ツイッターは拡散力とリアルタイム性に優れているのですが、ブログの凄いところは「ストック型メディア」だということです。

私はブログの第1回記事をアップした2013年9月29日以降、2020年7月10日までの7年近く、毎日ビジネス書の書評をブログに書いて更新してきましたので、すでに約2500本の記事がブログサイトにはストックされています。

ブログサイトのトップページにアクセスすれば、すべての記事が日付順、テーマ順にアーカイブ表示され、全記事を探して読むことができるのです。

ブログを毎日更新していたことも、2500記事を超えるストックがあることも、トップページを観れば一目で分かります。

大杉潤はこの7年間でどんな本を読んできて、何に興味関心があり、ビジネス書のどんなテーマやポイントに注目しているのかが丸わかりになります。

このため、ここから仕事の依頼になったりすることもあるのでブログはお勧めです。ブログはよく「人生の母艦」だと言われるのですが、まさにその通りです。**個人ブランディングには抜群の効果を発揮するのです。**

以上の「3つの出来事」――①セドナでの閃き、②ツイッター開始、③ブログ開始が期せずして、ハードルの高かった「独立起業」へ向けて背中を押す形になりました。

私の場合は、偶然の出会いで3つのキッカケを得られたわけですが、今から振り返ると、私の行動はほとんどすべて、ビジネス書が起点です。

毎日読んでいるビジネス書に書いてある様々なメソッドやコツを、すぐに実践して試し、試行錯誤を繰り返してきた結果として、キッカケとしての出会いがあったのです。

起業の準備は2年間

私が会社員を卒業して起業したのは前述した通り、２０１５年11月ですが、独立を意識して本格的に準備を始めた時期としては、やはりブログを開設した２０１３年９月末になります。

この時点では何の展望もなく、ただ好きなビジネス書を毎日読んで、その書評をブログに書いて公開する、というだけのことでした。

ブログを公開しているとは言っても、会社員として勤務していたのでブログの宣伝をすることもなく、誰も見てくれないブログです。

ビジネス書の書評ブログということで、のちにＡｍａｚｏｎのアフィリエイト（Ａｍａｚｏｎアソシエイツ）だけは行いましたが、ＰＲもしていないのでアフィリエイト収入もほとんどありません。

そんな時期を数カ月過ごしたのちに、ターニングポイントになったのはまたもビジネス書でした。

２０１４年１月に出版された『**絶対成功「好きなこと」で起業できる**』（三宅哲之著・**明日香出版社**）という本です。

この本を読んだ時に何故かピンとくるものがあり、「これで自分も起業できるかも」という直感が働いて、著者の三宅哲之さんに会いに行きました。

当時は４社目に勤務した会社の本社がある広島に単身赴任で住んでいたのですが、東京出張のタイミングを見計らって２０１４年４月に、**三宅さんが無料お試しで行っていた「モヤモヤ相談」という個人コンサルを池袋西口のカフェで受けました。**

三宅さんが主宰する「天職塾」は起業を目指す会社員が集まるコミュニティーで、実際に独立起業している人も何名か出ていました。

現在は「フリーエージェント・アカデミー」という名称に変えて、オンライン・セミナーを中心に活動しています。

そのコミュニティーで同時期に独立起業を目指す会社員と何人も知り合いになり、フェイスブックの秘密のグループ（皆、副業禁止の会社に勤務する会社員）で交流しました。

共通点は「好きなこと」で起業するという、まさに本のタイトルになっている起業コンセプトです。私もそこで様々な方々と情報交換する中で、大好きな「ビジネス書」を軸に起業すること、時期は２０１５年11月にすることを、起業１年前の２０１４年11月に決めました。

なぜその時期に決めたのかは思い出せません。

とくに根拠もなく、周りにいる起業を目指す仲間のコミュニティーにいた勢いみたいなものです。

しかし、勤めていた会社での理不尽な評価など、ちょうど辞めるタイミングとしてもピッタリの時期になりました。

残り1年となって何をするのかと熟考していた時に、またも転機になったのはビジネス書でした。

ブロガーの立花岳志さんが書いた『**ノマドワーカーという生き方**』（**東洋経済新報社**）です。もともと2013年9月にブログを開設して、毎日ビジネス書を読んで書評をブログに書いて公開していたのは前に述べた通りです。

ブログを書き始めてから1年近く経った頃にこの本に出会い、著者の立花さんに会うチャンスが巡ってきました。


福岡でブログ・セミナーを開催するということで、広島からでも行きやすく、たまたまスケジュールも調整できて参加したのです。

福岡のセミナー会場には、私と同じようにブログでビジネスを立ち上げたいという問題意識を持ち、立花さんが説く「個人メディアによる情報発信」というコンセプトに共感してブログを学びたいという会社員やフリーランスの方々が集まっていました。

そこで出会ったブロガーの方々とは今も交流があり、お互いに刺激を受け合っています。**立花さんが強調していたのは「ブログは質より量より更新頻度」ということ。**

ブログのコンセプトを明確にし、専門家としての情報発信を、できれば毎日継続することです。

私はそれ以降、東京へ戻ってからも立花さんのセミナーに参加したり、個人コンサルティングを受けたりしながら、ブログの毎日更新にこだわって、ビジネス書の書評を起業後も含めて約7年間、毎日書いて発信し続けました。

結果的に、これが約2500冊の書評記事という大きなストックとなり、ベースとして今の私のビジネスを支えています。

ビジネス書の出版オファーは出版社の編集者がブログ記事を読んで「書ける人」だとすぐに理解してくれることでいただくことができます。

テレビやラジオの出演もブログ記事のストックを見て専門家と認知してくれるからオファーをいただけるのです。

企業研修や中小企業の経営コンサルティングでも、その場でタイムリーに最新の役立つビジネス書を、その中味や活用ポイントとともに紹介できて、何度も喜ばれたり感動されたりしています。

私が書いているブログの書評記事は、評論家としてウンチクを説いているものではなく、「著者がその本で何を伝えたいのか」「その本の中味にある何を実践すれば成果を出せるのか」をなるべく客観的・中立的に伝えるようにしています。

どちらかというと本の内容を要約したものに近いのですが、ビジネスの現場や個人のキャリア開発に実際に役立つポイントに絞って分かりやすく書いているので、興味のある読者には刺さります。

すぐにＡｍａｚｏｎでクリックして本を買う人も毎日のようにいます。

またそれ以上に、そのビジネス書の著者や出版社の方（とくに編集者）に喜んでいただけます。

「どうして私の伝えたいことが正確に分かり、しかもそんなに簡潔にまとめられるのですか？」とか、「そこまで深く読み込んでいただいて感激です！」といった感想をもらった経験は数え切れません。

Ｆａｃｅｂｏｏｋでブログの感想をいただいたことをきっかけに、著者仲間として交流が始まったり、ビジネスに繋がったりなど、ほんとうに有り難いことです。

２０１３年の秋からブログを書き始めて２年経ち、ブログ記事のストックが８００記事程度（毎日更新を続け、１日２回更新もあり）になったタイミングで独立起業となりました。

起業の準備としてやったことは、ブログによる情報発信と、それをＦａｃｅｂｏｏｋやＸ（旧Ｔｗｉｔｔｅｒ）といったＳＮＳと連動させて情報発信することだけです。

ただ、この２年間の継続が起業後にはとても大きな力になりました。

家族の大反対を乗り越える切り札になった「妻社長メソッド」

そして起業に向けての最後の難関が、家族の大反対でした。
会社員が会社を辞めて独立起業するときに必ず通る「大きな壁」が家族の反対です。男性の場合は妻の反対、女性の場合は夫の反対です。

私の場合も3回転職した時にも毎回反対されましたが、何とか説得できたのはいずれも会社を辞める前に転職先を決めて、すべて3月31日退職、4月1日入社として途切れなく勤務し続ける形をとって、収入の切れ目をなくすことができたからです。

ところが、4社目の会社を辞めて独立起業の意思を伝えた時は、転職の時に反対されたレベルとは全く違う「大反対」でした。
やはり家族にとって、会社員のように毎月給料という決まった金額の固定収入があるのとは異なり、フリーランスの収入は不安定になったり、場合によってはゼロになってしまったりするリスクがあって、簡単には受け入れ難いのです。

起業準備を進めながら家族を説得する日々がしばらく続いたのですが、打開策となったのはまたもビジネス書による知恵でした。

坂下仁さんが書いた『いますぐ妻を社長にしなさい』（サンマーク出版）という本です。

坂下さんは現職の銀行員のまま、妻が社長の合同会社を設立して不動産賃貸業を行う手法を「妻社長メソッド」として、本の中で詳しくそのメリットを解説し、推奨していました。

当時は副業禁止の会社がほとんどでしたので、会社員を続けたままで妻が社長となって副業ができるという方法で、お金に対する価値観を夫婦で共有できたり、様々な節税のメリットを受けたりできる画期的なメソッドです。

私の場合は会社員を卒業してしまうタイミングでしたが、妻が社長の合同会社を設立し、私はフリーランスとして仕事をすることで、夫婦の共同事業として起業できる画期的なスキームが「妻社長メソッド」だと理解しました。

すべてのメリットやデメリットを十分に理解したうえで新会社を設立したわけではありませんでしたが、何とか妻の理解を得て、２０１５年11月に妻が社長（代表社員）のファミリーカンパニーである合同会社ノマド＆ブランディングを設立し、独立起業を果たすことができました。

会社設立については様々な意見があり、起業を目指している方々からは数多くの質問を受けます。私が現在行っている個人コンサルティングでもアドバイスの要望が多いテーマの一つです。

そこで、なぜ私が「妻社長メソッド」にヒントを得て、妻が社長の合同会社を設立し、私自身はフリーランス（個人事業主）として活動しているのか、そのメリットや深い意味についてお話しします。

このスキームのメリットは様々ありますが、主なものは以下の6点です。

1. 夫婦の共同事業として、夫婦間で経営やお金に関する価値観を共有できる
2. 妻が経営管理、夫が事業の開発と遂行（コンテンツ）と役割分担できる
3. 資金の流れが透明になり、夫婦間のコミュニケーションが活発になる
4. 法人取引とすることで、大企業との取引もスムースになる
5. 様々な節税の仕組みを活用できる
6. フリーランスとして稼げば、厚生年金を1円もカットされない

よく起業するなら個人事業で立ち上げて、ある程度以上の規模になったら法人化するという方法を勧めるコンサルタントや中小企業診断士が多いのですが、私は賛成しません。

事業を軌道に乗せるスピードが遅くなりますし、切り替えのタイミングでかなりのエネルギーが割かれてしまうからです。

妻が社長の合同会社で仕事を受注し、フリーランスである私 大杉潤に外注（業務委託）するスキームは、よく芸能人やアスリートがマネジメント会社（個人事務所）を設立して仕事をするのと同じイメージです。

すべての仕事を合同会社（個人事務所、私の用語で言えばファミリーカンパニー）で受けて、管理や事務作業を除く仕事を実行部隊であるフリーランスに外注するのです。

このスキームの１番いい点は、仕事の役割分担が明確になることと、人を雇わなくてもある程度の規模まではファミリーだけで無理なく事業を拡大できることです。

私もやってみて気がついたのですが、経営管理をやりながらコンテンツを開発したり、営業活動をしたり、納品をしたりというひとりで何役もこなす形になるとなかなか仕事の量も質も上がりません。

周りの起業家仲間を見ていると、私より能力もセンスもあるのになかなか事業を伸ばせないでいる方々が数多くいます。

それはあまりにも優秀で、ひとりで何役もこなせるがゆえに得意分野に集中できないためだと私は思うのです。

その点、私は企業研修にしてもコンサルティングにしても、また執筆活動においても、そのコンテンツの質を上げることに集中できます。


私のような事業は「コンテンツの質が生命線」なのです。

だから仕事のクオリティに関して私は決して一切妥協せず、すべての仕事でコンテンツを磨くことに全精力を注いで準備します。

それができるのは、仕事の受注窓口となっている合同会社において、あらゆるマネジメント業務を社長である妻がこなしてくれるからなのです。


それからよく指摘される点がもう一つ、「なぜ株式会社ではなくて合同会社なのか」「株式会社の方が信用力は高い」ということについてです。

よく質問されるので、お答えしておきます。

私からすれば、小規模なファミリーカンパニーのレベルなら株式会社にするデメリットはあるがメリットはまったくないためです。

ポイントは次の４点です。

1. 合同会社は設立費用が株式会社の半分、司法書士を使っても15万円程度で済む

2. 株式会社で認められる経費のうち合同会社でダメなものは１つもない

3. 株式会社の役員には任期があり、交代や再任のたびに登記費用がかかる

4. 株式会社には決算報告の開示義務があるが合同会社にはない

小さな株式会社の場合、どの程度決算を開示しているか私は知りませんが、最低コストに抑えるとしても、毎年官報に決算公告を掲載しなければ法令違反になります。

官報でも毎年数万円がかかり、官報以外のＷＥＢ媒体や紙媒体に決算公告を掲載するとなるとそれ以上のコストが毎年かかります。

私は法令違反もしたくないし、自分のファミリーカンパニーの決算を赤の他人に開示したくもないので合同会社にしています。

信用力についても、例えばＡｍａｚｏｎジャパンやＡｐｐｌｅジャパンなど外資系大手ＩＴ企業の日本法人は合同会社が主流で、余計な経費をかけてわざわざ決算を開示する会社はありません。

合同会社に信用力がないというのは昔の有限会社の時代の話で、今の時代は合同会社にはスマート（「賢い」という意味）というイメージが出ているほどです。

「妻社長メソッド」による節税メリットについて興味のある方は、ぜひ坂下仁さんの著書をお読みください。

「妻社長シリーズ」ということで、数冊刊行されています。

それから税務については、いい顧問税理士を付けることをお勧めします。

決算処理についても税理士へ払うコストがもったいないということで、何でも自分でやる起業家がいますが、私は逆にもったいないなと感じてしまいます。

妻がやればいいじゃないかという人もいるでしょうが、妻がある程度仕組みを理解したうえで、顧問税理士の指導を受けて管理業務を行う形がベストだと私は考えています。

全部自分で決算申告までやる人と、逆に1年分の領収証をすべて税理士に送って決算処理を丸投げしてしまう人に二極化しているのがフリーランスや起業家の実態ではないかと思います。

事業を伸ばしたいと考えるのであれば、どちらも良くなくて、ある程度までの管理業務をきちんと自分たちで行ったうえで顧問税理士にチェックやアドバイスを求めるというやり方がいいのです。

その理由は次の3点です。

1．経費処理は専門性が高く、プロの税理士の知恵を活用して効果的な節税ができる
2．領収証の整理や会計ソフトへの入力を自社で行うことで経営感覚が磨かれる
3．事業の投資計画を立てる際に税理士のアドバイスがヒントになることが多い

独立起業の際は、最初から合同会社を設立し、顧問税理士を付けることを私は勧めます。

経験上、そういう人の方が事業を伸ばしているのです。

事業が伸びたから会社を作ったり、顧問税理士を付けたりする人より、**最初から器があったから短期間で事業が伸びた人の方がずっと多い**、というのが私の周りの起業家仲間を見てきた率直な印象です。

「妻社長メソッド」で合同会社を作るメリットの最後6番目に出てくる「厚生年金をカットされない」ことについて簡単に説明します。

自分が社長になって会社を作ったり、定年再雇用などの形で雇われ続けたりして働く場合、厚生年金に引き続き加入することになります。

毎月の収入が60歳〜64歳では28万円を超えた場合、65歳以上は47万円を超えた場合には厚生年金の一部または全部が支給停止になってしまいます。

しかしながら、フリーランスとして個人事業主で働く場合には、国民年金加入者と

なるため、収入がいくら大きくなっても厚生年金は全額支給され、1円もカットされません。

私は2021年5月に63歳になって厚生年金（比例報酬部分）の受給が始まるのですが、個人事業主としての収入しかありませんので、年金はカットされずにそのまま受給できることになります。

但し、団塊世代の方々やさらにその上の私の両親の世代がもらっている年金額と比べると、恐ろしく少ない金額しかもらえないのですが。

でも少ないからこそ、もらえるものはしっかり全額もらいたいと思うのです。

起業が軌道に乗るのは3年目が多い

昔から「石の上にも3年」という諺がある通り、会社員を卒業して独立起業している仲間を見ていると、不思議と起業1〜2年目は試行錯誤で苦労していて3年目から

軌道に乗る人がとても多いことに気づきます。

そして私自身もまさにその通りの展開になりました。

なぜ、3年目まではなかなかうまくいかず、それでも3年目から流れが変わってくるのでしょうか？

私の場合は、もともと起業したばかりの頃は、中小企業向けの経営コンサルティングがメインの事業でした。

元銀行員ということで、その分野で一番仕事が取りやすいと思ったからです。

実際に最後にいた会社で非常勤の顧問として1年間、業務委託で仕事をさせてもらったり、興銀時代の先輩のツテでベンチャー企業向けのコンサルティングを手伝ったりして初期の収入を得ていました。

ところがこのままでは会社員時代の働き方とあまり変わらず、しかもなかなか大好きなビジネス書を仕事に生かせません。

起業2年目には待望のビジネス書『入社3年目までの仕事の悩みに、ビジネス書1

000冊から答えを見つけました』（キノブックス）を出版して著者デビューも果たしたのですが、なかなか自分の事業に結び付けることができませんでした。

転機になったのは3年目で、まず事業の軸を企業研修にシフトして、研修登壇の空いた時間に経営コンサルティングの仕事をするというビジネス・スタイルに転換しました。

また同時期に、2冊目の著書『定年後不安 人生100年時代の生き方』（角川新書）を出版し、この本は最初から「50代向けキャリア研修」のプログラムになるように意識して構成を考えて執筆したため、すぐに研修プログラムの開発に繋げることができたのです。

この本は紀伊国屋書店の新宿本店1階入口のすぐの棚で大きく展開されたこともあり、3冊の著書（3冊目は起業4年目に出版した『銀行員転職マニュアル 大失業時代に生き残る銀行員の「3つの武器」を磨け』（きずな出版））の中で最も反響が大きく、売れた本になりました。
本書はその実践版とも言える本です。

起業3年目で会社員時代の収入に並び、4年目にさらに増収増益となって、61歳にして人生最高の家計収入になりました。
5年目は62歳でさらにそれを上回る売上をあげるペースで仕事をいただいていたのですが、思いもよらぬ新型コロナウイルス感染症の拡大で4カ月間、すべての企業研修がキャンセルや延期になってしまい、残念ながら減収の決算になってしまったのは前に書いた通りです。

今振り返ると、3年目まで試行錯誤しながらも何とか事業を続けてこられたことが、その後、軌道に乗せることができた原因だと思います。
そして続けられた1番の理由は「好きなこと」を仕事にしていたからです。

「定年ひとり起業」で最も大切なことは、「好きなこと」を仕事にすること。

何故なら、事業を止めずに継続することだけが、起業で失敗しないための唯一のコツだからです。

結果が出なくても継続できるのは、「好きなこと」だからなのです。

では、私 大杉潤が33年間以上も続けた会社員を卒業し、独立起業できたポイントを本章の最後に整理しておきます。

◆好きなことを仕事にする
◆社会的使命であるミッション、ありたい姿であるビジョン、それを実現するための戦略の３つが起業や人生の成否を決める
◆起業にとって志を同じくする仲間の存在が大きい
◆ストック型メディアのブログは「人生の母艦」であり、情報発信の要になる
◆家族の反対は「妻社長メソッド」で乗り越える
◆起業は３年目から軌道に乗るケースが多い、継続が何より大切

以上が私の経験から導き出された「起業の原則」ですが、次章では私以外の3人の起業家の事例を紹介します。

会社員から独立起業した男性ふたりと専業主婦から起業した女性の計3名です。

それぞれに独自のストーリーがありますが、私の例も含めて共通点も多くあります。

ぜひ、その辺も汲み取りながらお読みください。

第4章のポイント

◆「定年ひとり起業」のメリットは「好きなこと」を仕事にできること

◆起業の成否を決めるのは、ミッション、ビジョン、戦略を明確にすること

◆起業の準備はブログによる情報発信、起業後3年目に軌道に乗ることが多い

◆妻の反対を乗り越えるには、妻が社長の合同会社を設立する「妻社長メソッド」がいい

◆信頼できる顧問税理士にアドバイスをもらい、会社を作って起業する

◆もらえる年金は、頭を使ってしっかりともらう

第5章

「定年ひとり起業」ケーススタディ

～3人の起業ストーリーと成功の秘訣

では本章では、「ひとり起業」というライフスタイルで活動している3人の起業ストーリーを紹介します。

それぞれ、会社員や専業主婦を長年経験し、中高年になってから「ひとり起業」という形で独立し、「できるだけ長く働く」というライフスタイルに踏み出した方々です。

この3人はまったく違う経歴、経験を持ち、異なるジャンルで仕事をされていますが、多くの共通する点があります。

その共通点が「成功の秘訣」でもあるので、ぜひそこを読み取っていただき、皆さんの人生にも積極的に活かしていただきたいと思います。

それぞれのストーリー紹介の最後に、3名の「人生を変えた本」も掲載します。

木村 勝さん（60歳）
～大手自動車メーカーからの転身

木村勝さんと私の出会いは木村さんが出版されたデビュー作となるビジネス書です。自らの生き方をメッセージとして書かれた『働けるうちは働きたい人のためのキャリアの教科書』（朝日新聞出版、2017年）という本です。

この本に続いて、2019年には『知らないと後悔する定年後の働き方』（フォレスト新書）を刊行されています。

まさに、定年後も「働けるうちは働く」というのが木村さんの生き方であり、強い信念なのです。

もともとデビュー作を読んで、私の考え方や生き方と共通する点が多く、深く感銘を受けたことから、ブログに書評を書かせていただき、共通の友人もいて知り合うことになりました。

木村さんは、中高年専門ライフデザイン・アドバイザー（ビューティフル・エージング協会認定）、電気通信大学特任講師、行政書士（杉並支部所属）、人事総務インディペンデント・コントラクター、心理相談員（中央労働災害防止協会認定）などフリーの立場で幅広く活動しています。

35歳で病気になって人生を考える

1961年生まれで現在60歳の木村さんは、一橋大学社会学部の津田真澂ゼミナールにて人事労務管理を学び、ものづくりや車が好きだったことから1984年に日産自動車に入社。

以来、25年間、人事畑を歩み続けました。

もともと人と話すことが得意ではなく、車のセールスなど営業の仕事だけは避けたいと思っていたそうです。

そうは言っても、日産自動車は大企業で人事ローテーションもあり、滋賀県の彦根営業所で営業を経験しました。

この時は、意外にもお客様との長期的な信頼関係を築く面白さに目覚めたと言います。営業の仕事は単なる「食わず嫌い」だったのかも知れないと述懐します。

さらに本社で海外人事を担当、働き盛りの30代では満を持して静岡県の富士工場に転勤。人事係長として工場の人事に関する実務を一手に手掛ける忙しい日々を送っていた時に転機が訪れました。

工場で働く一人ひとりの社員の人生に直接関わる、とてもやりがいのある仕事で、限度のない業務に没頭していました。

しかし35歳の時に極度のストレスから急性心筋梗塞を患って生死の境をさまよい、手術・1カ月半の入院生活経て復帰する、という経験をしたのです。

その時に考えたことが次の2点で、この体験がその後の木村さんの人生を決定づけた、と言います。

◆人生、いつ終わるかわからない

◆持病を抱えた状態では転職先はなく、会社にしがみつくしかない

会社の中で生き残るために少しでも手に職をということで考えたのが、行政書士の資格を取ることでした。

官公庁への届け出書類や証明書類などの作成を行う国家資格です。

個人や会社などが様々な局面で必要となる書類作成の実務が身につく、まさに生き残りのために応用・活用範囲の広い実践的な資格です。

そしてこれがのちに独立起業する際の突破口ともなりました。

病気から回復した木村さんはその後、日産自動車の所属する業界団体である日本自動車工業会に出向し、他の自動車メーカー社員との交流を経験します。

そして、日産自動車に戻ってからは、カルロス・ゴーンによる日産リバイバルプランの一環として、人事実務全般を外出しすることになって、43歳の時に受け皿の関係会社に出向。

44歳で転籍して関係会社の社員になり、人事業務全般を仕事として行うことになりました。

木村さんとしては、日産自動車本体に比べると小さな組織の社員になったものの、この時の経験が独立してからすごく活きたと述べています。

日産自動車本体にいたときは、どうしても大組織において人事業務のほんの一部し

か携わることができませんが、関係会社ではすべての人事業務を行うことになったので、人事労務管理の全体が見えるようになったのです。

これが独立して人事総務インディペンデント・コントラクターとして仕事をする際に大いに役立ちました。

この関係会社はさらに２０１１年7月に外資に売却されました。

木村さんが50歳の時です。

ここから2年間、会社には所属しているものの本格的に独立に向けて準備を始めます。藤井孝一さん（『週末起業』（ちくま新書）の著者）が主催する週末起業を目指す私塾（土曜日6回）に通って準備を進め、メンタルコーチの飯山晄朗さんほか起業を目指す多くの仲間ができたそうです。

52歳で独立、ボランティアでの仕事からスタート

52歳で勤めていた会社を退職し、行政書士事務所で相続手続き書類の作成などの仕

事をしながら、知り合いの手伝いをボランティアで行うことからフリーでの仕事が始まりました。

以前からつながりのあったビューティフル・エージング協会にてライフデザイン・アドバイザー講座や、IC（インディペンデント・コントラクター）協会という、雇われない働き方、例えば会社から独立して業務委託で仕事を受ける働き方を普及する協会でのセミナー参加等を通じて、少しずつ新たな人脈を拡げ、仕事の拡大につなげていった、と言います。

独立当初は、なかなかお金になる仕事を取ることができず、厳しい経営状態が続きましたが、病気を経験して「腹決め」できていたこともあり、会社員に戻ろうかという迷いは一切なく、淡々と続けることができたそうです。

仕事の拡がりという意味で大きかったのが独立5年目の2017年に実現したビジネス書（『働けるうちは働きたい人のためのキャリアの教科書』）の出版で、これまで

つながりのなかったところから問い合わせや取材、そして仕事のオファーも来るようになりました。

そこからは、インディペンデント・コントラクターとして会社の中に入って人事関係の実務を担うかたわら、講演、セミナー、研修の講師や雑誌・WEBメディアへの寄稿など多彩な仕事をこなしています。

会社員と比べた時の「ひとり起業」のメリットとして、「自分で決めて仕事ができる」という点を挙げています。

私が提唱している「自己決定感」です。

これは仕事が楽しい、幸福度を上げるという意味で、皆さんが想像する以上に重要な要素なのです。

反対に、「ひとり起業」のデメリットは孤独になりやすいこと。

会社員というのは社内外の人間関係が作りやすく、孤独を感じる場面はほとんどありません。

独立してフリーになった場合には、自ら動かない限りは孤独になります。意識して仕事につながるネットワークを作っていくことが必要になるのです。

80歳まで働く「究極の目標」とは？

今年4月の改正高年齢者雇用安定法（70歳就業確保法）の施行により、70歳まで働く時代になることが見えてきた中で、木村さん自身は「80歳までは働きたい」と述べています。

もともと「働けるうちは働く」というポリシーですが、最低限、現在の日本人男性の平均寿命81歳近くまでは働くイメージを持っているそうです。

では、木村さんにとってライフワークと呼べる「究極の目標」とは何なのでしょうか？

様々な仕事をしていく中で、「シニアの能力が埋もれてしまっていてもったいない」という強い思いがあります。

そのため、「シニアのリスタート（再出発）を応援したい」というのをライフワークと位置付け、自らの人事・キャリアのコンサルティングを行う事務所を「**リスタートサポート木村勝事務所**」という名称にしました。

働けるうちは働くことが今後の働き方のトレンドになると予測し、そのために「雇われない働き方」が必要だと提唱しています。

ここは私もまったく同じ考え方で強く共感しています。

最後に、定年前後の中高年がリスタート（再出発）する上で大切なポイントを聞きました。それは以下の４点です。

1. セカンドキャリアは「準備」で決まる、徹底した「準備」が必要
2. キャリアは「転機」で考えよ、転機としては、病気・倒産・投獄などマイナスの経験を活かして「腹決め」すること
3. 40％ＯＫなら断らずにやってみること
4. 行動すると見える景色が変わる、新たな人に出会うことを行動基準に

どれも至言。「ひとり起業」で成功している人が皆、実践していることだと深く共感しました。

【木村 勝さんの人生を変えた本】

『サラリーマンの新ライフワークの見つけ方』（井上富雄・主婦と生活社）
『気持ちの切り替えがうまい人』（本多信一・成美文庫）

高橋 和子さん（50代）
～専業主婦から片づけのプロへ

高橋和子さんは、専業主婦をしていましたが、46歳で再就職がままならずに仕方な

く「ひとり起業」をしました。

少しずつステップを踏みながら仕事の幅を拡げ、導かれるように現在の大人片づけインストラクター、暮らし生活研究家などの仕事にたどり着き、幅広く活躍されています。

2010年に、整理収納・家事代行・セミナー講師のフェリシア ラボを設立、代表に就任します。フェリシア ラボは、女性支援のために、整理収納サービス・家事代行サービスを提供する会社。

また、2012年には、リカレント教育（生涯学習）を推進する、一般社団法人日本エグゼクティブプロモーター協会・片づけ上手塾エグゼカレッジ表参道校の代表理事にも就任し、次々と事業を展開する快進撃を続けています。

私が高橋さんに初めて会ったのは、ビジネス書の商業出版を目指して、出版企画書の作り方を学ぶ講座をたまたま同期生として受講したご縁です。

幸運にも出版企画書作成講座を受講した1年半後となる2017年に、二人ともほぼ同時期に出版を実現しました。

高橋さんのデビュー作は、『ボケない片づけ 一生自分で片づけられる5つのステップ』（CCCメディアハウス）という本で、認知症の予防にもなると高橋さんが創案した、脳を鍛えて家も片づく「脳サイズ片づけトレーニング」というメソッドを紹介しているものです。

高橋さんが事業として進める、親の家と自分の家を片づける「大人片づけ」というコンセプトにも共感し、すぐに読んでブログに書評を書かせていただきました。

転勤・介護・主婦経験をすべて活かした起業が「天職」に

高橋和子さんは、自動車メーカーへ就職、25歳で結婚し、出産を機に10年間勤めた会社を退職して専業主婦になりました。

仕事では1年上の先輩の姿に憧れて入社し、カーローンの仕事が7年間と最も多かったそうです。

専業主婦となってからは夫の仕事の関係で8回の転勤生活、そして母親の病気の看病・介護を5年、続いて父親の病気の看病・介護を5年と合計10年間を両親の看病・

介護に取り組みながら、子育てや引っ越しなど、忙しい主婦業をこなしてきました。

壮絶な看病・介護生活を10年間経験して両親を見送った後は、専業主婦だけではエネルギーを持て余す感覚だった、と言います。

子どもの成長もあり、仕事を再開するために再就職を考えたのですが、**当時はパソコンのスキルがまったくなくてエクセルもできなかったくらいで、事務職での復帰は無理と断念しました。**

それなら自分で起業するしかないと考えて、ネットで調べていたら、整理収納の仕事で起業しているサイトが目に飛び込んで来て、ひらめきました。

当時は、片づけや断捨離がブームになり始めていて、まずは整理収納・家事代行の事業をしている協会に登録して、家事代行の仕事をパートで始めてみました。

この仕事は、忙しい中で主婦業を続けてきた自分には向いていて、しかも両親の介護で心が折れる瞬間を何度も経験している自分には活かせる場面が多くあった、と言

います。

次第に、難しいクライアントばかり任されて担当することになり、さらにスキルが磨かれたのです。

難しいクライアントとは大きく2つに分かれるそうです。

1つは、家事の要求水準が高く完璧を求めるお客様。

もう1つは気持ちの整理がつかないまま片づけを依頼してくるお客様。

そういうお客様の家に伺って、一つひとつ依頼に応えていくうちに、掃除には化学の知識が必須であることや、整理収納は単に物理的に片づけるだけでなく、「心の整理」も同時に手伝うことが必要だと分ってきました。

お金を払って片づけを依頼してくるお客さまは、離婚をきっかけにパートナーだった人との思い出の物を処分したり、親との死別によって遺品を整理したりするケースが多く、心に大きな傷を負っている方が多いのです。

高橋さんは自身の経験に加えて、心理カウンセラー資格の勉強をしていたことも難しいクライアントへの対応で大いに役立ったと言います。

また、大きな番犬を飼っている家での対応や、電車やバスの便が悪くて車での移動を余儀なくされる家など、とにかく手間がかかって誰もが嫌がるクライアントばかり担当し、親身になって対応していました。

高橋さんは自動車メーカーに勤務していたため車を運転して交通の便が悪い家を回るのもまったく苦にならなかったそうです。

まさにこれまでの自分のキャリアと専業主婦の経験がすべて生きてくる仕事にめぐりあいました。

46歳で本格起業して海外進出も

パートでの家事代行・整理収納の実績を十分に積んでから、46歳の時に高橋さんは満を持して個人経営で事業を立ち上げます。

最初は、これまで行ってきた家事代行、整理収納に加えて、それらを仕事にしたい

人たちにスキルを伝える講師の仕事です。

カルチャースクールでは人気講師となり、専業主婦の人たちが自分と同じように自ら家事代行や整理収納を仕事にするサポートをしました。

2年後の48歳の時に、一般社団法人　日本エグゼクティブプロモーター協会を立ち上げて本格的に自ら開発した「片づけ」のメソッドを教え始めました。「親の家・大人片づけ」や、脳と家を活性化する目的型脳トレの「脳ササイズ片づけトレーニング」など独自のメソッドを次々に考案しました。

また、NHKをはじめ多数のテレビ出演や、2018年にはパリ郊外のヴィルパントで開催された日本の文化やエンターテインメントを紹介する「ジャパンエキスポ・パリ2018」という歴史ある欧州最大の博覧会にも参加しました。

コロナ禍の現在は、オンラインによる「片づけ上手講座」も開講しています。

そうした中で、クライアントに喜んでもらえることが最大のやりがい、と高橋さんは述べています。

専業主婦だった自分でも「世の中の役に立ちたい」という強い思いが仕事の原動力になっています。

今後の高橋さんの事業の目標は、協会ビジネスは競争が激しく難しい環境になって来たので、さらに新しいことにチャレンジしたいということです。

例えば、これから高齢化が進む中国の企業から、大人片づけについてオファーがあったり、パリの展示会への参加をきっかけに海外でのディスプレイの仕事を打診されたり、夢が広がっています。

現在は新型コロナの影響で、世界的に人の移動が制限され、先が見通せない状況ですが、落ち着いた時期が来れば大きく飛躍することを予感させます。

合言葉は「主婦を起業家に！」

高橋さんのモットーは、「家事をしながら仕事もする」で、主婦がもっとビジネス

をしてもいいはずだと言います。

男性はどちらかと言えばマイナス思考の人が多く、大成功を狙うために「成功者はひと握り」と考える傾向があるそうです。

一方で女性、とくに主婦の場合は「お小遣い稼ぎ」のレベルなら誰でもできるし、「片づけで困っている人をサポートする」という私が勧める仕事なら、主婦の知識・経験・スキルを活かしてソフトな起業が可能だ、と述べています。

男性が本気で目指す「ハードな起業」だけが起業ではないのです。

高橋さんの事業が順調に伸び始めた頃、会社員である夫が「少しは収入を家計に入れたらどうか」と話してきたそうです。

高橋さんは即座に、「収入を入れるのは構わないが、それなら家事は外注させてもらいます」と切り返し、それ以来、パートナーは高橋さんの事業に関して一切、何も言わなくなったそうです。

家事をしっかりこなしながら、これだけの事業を立ち上げ成長させていることに、主婦の方々は大きな勇気をもらえるでしょう。

高橋さんは協会を設立する際に、主婦の思いを徹底的にリサーチしました。

そこで出会ったのは次のような主婦たちの声です。

◆他の人とは違う、パートでない仕事をしたい
◆社会に貢献できる仕事をしたい
◆好きなこと、やりたいことを仕事にしたい

こうした主婦の思いは、協会ビジネスに参加してもらい、「片づけで困っている人をサポートする」仕事をすることで実現できる、と確信しました。

高橋さん自身は、家事代行や整理収納サポートの現場には65歳までは出ていたい、と述べています。

そのあとは少なくとも75歳までは講師と経営の仕事を続ける計画です。

「60歳は人生のスタート」「好きな仕事、やりたい仕事で、唯一無二の人生を輝かせること」と高橋さんは強調します。

人生は後半が勝負であり、生涯現役のトリプルキャリアを提唱する私とまったく同じコンセプトで、心から共感しています。

「主婦を起業家に！」を合言葉にした高橋さんの挑戦はまだ始まったばかりです。

【高橋和子さんの人生を変えた本】

『「捨てる！」技術』（辰巳渚・宝島新書）
『成功者の告白』（神田昌典・講談社＋α文庫）
『はじめの一歩を踏み出そう―成功する人たちの起業術』（マイケルEバーガー・世界文化社）

高伊 茂さん（71歳）〜「話力」を究めて終身現役

高伊さんとの出会いもビジネス書です。

私が同じ立場の「ひとり起業家」に出会うきっかけは、出版された著書を読み、感銘を受けてブログに書評を掲載、その書評を読んだ著者から喜びのメッセージをいただいて知り合うケースがほとんどです。

高伊さんの場合もまさにその典型的なケースでした。

ご縁をいただいた本とは、高伊さんのデビュー作である**『定年を楽園にする仕事とお金の話 45歳からそなえる「幸せ老後」のキホン』**（ぱる出版）です。

この本を読んで私は深く感動し、すぐにブログに書評を書いて、私が応援している神保町の書店**「ブックハウスカフェ」（今本義子社長）**で出版記念パーティーをプロデュースすることを提案するほどでした。

本が刊行された約1カ月後の2018年3月16日に、実際にブックハウスカフェで高伊茂・出版記念パーティーが開催されました。

高伊さんは戦後ベビーブームの最後の年、1949年に生まれた団塊世代の方で、70代になった現在もファイナンシャルプランナー・社会保険労務士として、全国でライフプラン、年金や終活などのセミナー講師としてバリバリの現役で働いています。もともと大活躍の人気講師でしたが、この出版記念パーティーによって一気に仕事の幅が広がったと、話されています。

田中真澄先生に続く人生100年時代における「終身現役」の生き方

高伊茂さんのデビュー作に、なぜ私がこれほど感動したかと言えば、「定年後」というテーマだけでなく、田中真澄先生という「共通の師匠」を持っていたからです。

師匠と言っても、私の場合は田中真澄さんの数多くの著書（『**人生の勝負は後半に**

あり』など）を通して、勝手に「心のメンター」と呼んでいただけなのに対して、高伊さんの場合は正真正銘の田中真澄先生の弟子でした。

高伊さんは40代の頃から田中真澄さんの講演に何度も足を運び、直接、その薫陶を受けてきた方で、今も田中真澄さんの言葉が綴られた日めくりカレンダーを愛用しています。

高伊さんの出版記念パーティーには何と田中真澄先生が来賓として出席、お祝いのスピーチをしてくれました。

おかげで私も念願の田中真澄さんと直接、お会いする光栄に浴したのです。

ほんとうに人のご縁に感謝です。

田中真澄さんは、日本経済新聞社に入社後、日経マグロウヒル社（現在の日経ＢＰ社）の立ち上げに関わり、米国のジェロントロジー（老年学）と出会って人生が変わりました。

米国では当時からいくつもの大学にジェロントロジー（老年学）を学ぶ講座があり、いずれ人生100年時代が到来すること、その際に雇われる働き方で定年退職・引退するのではなく、自ら事業を起こして終身現役で働き続けるライフスタイルが日本でも普通になると提唱されていました。

そして自らも43歳で会社を辞めて独立し、以来、今日まで、社会教育家として合計7000回を超える講演、96冊の著書執筆を通じて多くの人たちにやる気を起こさせ、生きる勇気と感動を与えています。

84歳の現在も日本初のモチベーショナル・スピーカーとしての活動を続け、まさに「終身現役」の生き方を実践しています。

高伊さんは若い時から田中真澄さんの背中を追いかけ、同じ生き方を実践してきました。

高伊さんが大学生活を送った頃は大学紛争が盛んな時代でしたが、大学2年の時に宅地建物取引主任者（現在は宅地建物取引士）の資格を取得し、不動産業務が行える信託銀行に就職しました。

信託銀行入社後、池袋支店を皮切りに、本店営業部、前橋支店、名古屋支店にて財務相談や融資の営業を経験、入社16年目に豊橋支店に単身赴任したことが人生の転機となりました。

名古屋支店から本店に戻って融資業務を行っていましたが、名古屋支店で企業年金業務も担当していたことから再度愛知県の豊橋支店に転勤し企業年金業務に携わります。

単身赴任で自由になる時間を有効に活用し、専門性を磨くために、社会保険労務士やＦＰ資格を取得するための勉強を始めたそうです。

当時の信託銀行もバブル崩壊の影響を受けて、破綻や再編成の荒波にもまれましたが、高伊さん自身はラッキーなことに、当時新宿にあった３つの支店において、財務アドバイザー、財産コンサルタントという肩書で、いわゆるＦＰ業務や相続相談など、今につながる仕事の経験をみっちりと積むことができました。

勤務していた信託銀行は統合後に、計5回も実施した早期退職者募集の第3回目に高伊さん自身も自ら手を挙げ、53歳で独立起業することになりました。

「ひとり起業」成功のコツは「引き」「運」「力」

起業してからの高伊さんは必ずしも最初から仕事に恵まれていたわけではありませんでした。

独立当初は当時導入がスタートしたばかりの確定拠出年金のコンサルティングを目指しましたが、知人からライフプランや相続などの講師依頼が相次ぎ、講師業に方向転換したのです。

高伊さんは、独立後営業らしい営業をしたことがないと言っていますが、実は、知り合いを作ることを地道に行っていたのです。

まず、いろいろな勉強会に参加し、人間関係を作るための懇親会（飲み会）にも積

極的に参加しました。

地元の埼玉県では日本ＦＰ協会の支部役員になるとともに、ＦＰの勉強会であるスタディーグループ（ＳＧ）の代表となりました。

支部の研修委員長やＳＧ代表として勉強会のプロデュースを行うとともに後輩が講師になれるよう熱心に指導を行いました。専門の年金関係では、社会保険労務士の人たちが学ぶ場である服部年金企画の勉強会に毎月通っています。

そうして少しずつ実績を積んでいく中で、現在の「ライフプラン＋終活」セミナーの講師という仕事のスタイルが出来上がってきました。

高伊さんはとにかく勉強熱心で、様々な勉強会に参加したり本を読んだりして、今もインプットに余念がありません。また、「手まめ、口まめ、足まめ」をモットーとし、いろんな場に顔を出しては声掛けや挨拶をするなど、その精力的な活動姿勢には頭が下がります。

また、仕事が大好きで、つい最近までは池袋にある事務所にて毎日夜遅くまで仕事をし、ほとんど終電車で帰宅していたとのことです。

高伊さんが今のビジネスモデルに到達したのは起業して3年目の55歳の時。

それ以来、71歳の現在に至るまで途切れなく現役として仕事を続けていける最大のコツは、「引き」「運」「力」の3つだと言います。

「引き」とは高伊さんが独立以来、つねに心がけてきた人間関係、ネットワーク作りによって「自分の代わりに営業してもらう」ことで仕事を引き寄せる力。

「運」とは年中無休・24時間受付の体制を取る努力を重ねることでチャンスが巡ってくること。

そして、「力」とはいつも最新の情報を勉強し続けることで磨かれる本当の実力。

ここまで真摯に仕事に取り組む人に仕事は継続してやってくるものなのでしょう。

これからの目標は「話力」を究めること

今後の高伊さんの事業計画は、各種団体、企業、組合向けのセミナー講師や講演の仕事をメインにした現在のペースでの仕事を75歳まで続けること。

そのあとも、少しペースは落としながら終身現役で仕事を続けるつもりだと言います。

話力総合研究所の理事、エンディングノートの普及や終活講座を運営する「ＮＰＯ法人ら・し・さ」の理事など、活躍の場を数多く持つ高伊さんは、引退とは無縁のように見えます。

そうした中で最も力を入れたいことは、話力総合研究所で学んできた「話力」のインストラクターとしての活動だと言います。

「話力」とは、永崎一則さんが提唱しているもので、単なる話し方のテクニックではなく、「内容力」と「対応力」が必要で、さらには人間力を高める「心格力」が重要だということです。

高伊さんがセミナー講師として全国から声がかかるのは、この「話力」がベースにあるからだろうと言っています。

それは一朝一夕で身につくものではなく、いかに人間性を高めるかが問われます。

「奥が深いからやりがいがある」という高伊さんの言葉に、改めて何歳になっても学び続けることが大切だという、私の信念はますます強固なものとなりました。

最後に、高伊さんから、シニア独立で大切なことを聞いたところ、著書にも書かれている次の「守るべき8つのルール」をメッセージとして送ってくれました。

1. 事業にかける情熱があるか
2. 今までやってきた仕事と縁があるか
3. 自分を支援してくれる友人・知人、ブレーンとなる人がいるか
4. 家族がいる場合、家族を守れるか
5. 仕事を楽しめるか
6. 社会的使命があるか
7. 自分への投資を続けられるか
8. 無謀な投資をしない

まさに「ひとり起業」を実践してきた高伊さんの生き方そのものです。
84歳の今も現役で講演・執筆活動を続ける田中真澄先生の背中を追いかけて、「終身現役」を目指して活動する71歳の高伊茂さんは、今後も私のお手本であり続けるでしょう。

【高伊 茂さんの人生を変えた本】

『1週間で「話力」を磨く本』（永崎一則・三笠書房　知的生きかた文庫）

『人生の勝負は後半にあり』（田中真澄・ぱるす出版）

皆さんは3人の「ひとり起業」ストーリーをお読みになって、どんな感想をお持ちになったでしょうか？

今の3人の活躍ぶりを見ると、「とても自分にはできそうもない」「特別な才能があるからできたこと」と思われるかも知れません。

でも今回、あえて現在のビジネス・スタイルだけでなく、会社員や専業主婦を長く続けた後で起業し、その立ち上げ期を含むストーリーとして紹介したのには理由があります。

あなたが今、自分には大した取り柄も資格もなく、平凡な会社員や専業主婦だと思っていたとしても、実は3人の方に共通する「4つの法則」を理解することで、それを自ら実践して「ひとり起業」を果たすことができると思うのです。

なぜなら、私の「ひとり起業」もその法則通りだと実感しているからです。

少なくとも私には特殊な才能はありません。

その3人に共通する「4つの法則」とは以下の通りです。

1. 人生のピンチを転機にして、起業のチャンスに変える

2. 会社員や主婦の「点の経験」を組み合わせて「線のビジネスモデル」にする

3. お金にならないボランティアの仕事からスタートして実力をつける

4. つねに学び続けて進化することで、長く働き続ける

その他にも、定年に近い50歳前後で「ひとり起業」していること、大きな初期投資をしない（人を雇わない、大きな事務所を構えないなど）こと、商業出版の著書を持つことでビジネスを一気に軌道に乗せたことなどが共通点として挙げられます。

あなたもぜひ、3人に共通する要素を参考にしながら、「定年ひとり起業」を考えてみませんか。

第5章のポイント

◆人生のピンチを転機にして起業を考えた人が多く、ピンチはチャンスだ

◆会社員や主婦としての経験を活かせる起業を考えると道が開ける

◆起業当初は、お金にならなくても経験を積むことで力をつける

◆つねに最新の知識やスキルを学び続けることが長く稼ぎ続ける秘訣

◆起業で成功する人には、人生に大きな影響を与えた本がある

第6章

「定年ひとり起業」という選択

「70歳まで働く時代」の会社員にとって ベストな選択とは？

会社員の方に「70歳まで働く時代」という言葉をかけると、ほとんどすべての人から嫌そうな顔をされます。それは「仕事は楽しくない」「給料は我慢料」という感覚を多くの会社員が持っているからでしょう。

一方、企業経営者やフリーランスの方々に同じように「70歳まで働く時代」という言葉をかけたときは対照的な反応をされます。

「70歳までと言わず、何歳までも体が許す限り働きたい」「70歳まで働くなど当然」という反応で、表情も生き生きとして明るいのです。

私も57歳で会社員を卒業し、フリーランスを5年以上やっているので、後者の感覚です。

「毎日の仕事は楽しくて仕方がない」「何歳までも働き続けたい」「できれば生涯

現役で仕事をしてずっと社会に貢献したい」と思うのです。

皆さん、その違いは何からくると思いますか？

多くの心理学者も指摘していますが、キーワードは「自己決定感」です。

自分でやろうと決めた仕事をすることは楽しいし、やりがいもあります。

反対に、「やらされ仕事」は楽しくない。「収入は我慢料」になってしまうのです。

私も新卒入社から57歳まで、４社で合計33年8カ月間、会社員として働いてきました。会社での仕事はいくら経営幹部や役員であっても、経営者でない限りは「やらされ仕事」で、今ほどの楽しさを感じることはありませんでした。

仕事自体は、新卒で入った大手銀行ではスケールの大きな仕事もさせてもらったし、最初の転職先では東京都という大きな組織がバックに付いたうえで「新しい銀行を立ち上げる創業メンバー」という、とてもやりがいのある仕事をさせてもらいました。収入面も含めて、本当に恵まれた会社員生活だったと思います。

それでも楽しいことばかりではなく、「我慢料」と感じる場面の方がはるかに多かったと実感しています。

つまり「やらされ仕事」という基本的な構図は否定できませんでした。

家族を守る、家計を支える、とくに子供の教育費を稼ぐというモチベーションで世の会社員の皆さんは何とか乗り越えているのです。

組織の中では絶え間なく「理不尽なこと」が起こります。

私は、仕事に対する「評価」や「処遇」には多くの「理不尽さ」を感じ、3回も転職をしてきた一因になりました。

多くの会社では会社における実績やお客様・社会に対する貢献度だけで人事評価や出世が決まるわけではありません。

上司やトップに対するゴマスリが下手な人は実績を上げても評価されず、出世できないのです。

むしろ突出した結果を出したりすると、妬みや自らの地位が脅かされるとして足を引っ張られたりするのです。

私は複数の会社で人事の責任者をやってきましたので、その裏側もよく分かりました。そのような組織はほんとうに多く、私も勤務した4社すべてで理不尽な評価を受ける経験しました。

一方、57歳で独立起業してからは、100%好きな仕事しかしていません。

すべての仕事を自分がやると決め、「自己決定感」の塊みたいな感じなのです。

もちろん、すべてうまくいくことばかりではありません。

しかし、それも含めて100%自分が決定して行った結果なので、何の後悔も無念さもありません。むしろ爽快な気分なのです。

とくに「定年ひとり起業」の場合は、何でも自分でやらなければいけない大変さはあるものの、誰のせいにもできない。

すべてが自分の責任という「覚悟」があるから気持ちがスッキリします。

私だけでなく、「定年ひとり起業」をした人たち、私の周りに数多くの仲間がいるのですが、ほぼ全員が同じような気持ちで仕事をしています。

「起業」は失敗する人も多くハードルが高いというイメージがあるかも知れませんが、「定年」と「ひとり」が掛け合わさって「定年ひとり起業」となると、まったく様子が違ってきます。

ほとんどの定年世代が起業にチャレンジせず、定年再雇用の道へ進んでしまうため、その実態があまり知られていないだけです。

最初に結論を申し上げますが、以下の5点があるから「定年ひとり起業」は極めてリスクが少なく、継続できて、会社員経験が長い人なら誰にとっても、ハードルが低い選択だと私は考えています。

1. 好きなことを仕事にできる

2. 定年がなく、自分で辞めると決めるまで稼ぎ続けることができる

3. 会社員として培った経験・知識・人脈を活用できる

４．初期投資もランニングコストも抑えて起業できる

５．厚生年金を確保しながら「年金プラスアルファ」の収入を目指せる

この5点が「定年ひとり起業」の特徴であり、有利な点なのですが、逆に言えば、この優位性である5つを活かさない起業スタイルだと、起業のハードルは一気に上がってしまい、リスクも負うことになるでしょう。

つまり、何でもいいから「定年起業」というわけではないのです。

よく大企業に長年勤務していた人が退職金としてまとまった資金が入ったので、フランチャイズ・ビジネスに投資をして起業するケースがありますが、私はお勧めしません。

また、世界に大きく貢献できる夢の技術に出合い、その特許権を持つ会社に投資して経営に参画し、夢を追いかける定年退職者の方もいます。

フランチャイズ・ビジネスも経営参画したベンチャービジネスも成功する人はもちろんいますし、すべての会社員にダメだと言うつもりはありません。

でも成功者は特殊な例で、誰でもできるほど甘くありません。

再現性がないのです。


私のいう「定年ひとり起業」は誰でも可能な働き方です。

目指す収入や取り組む事業は人それぞれ、それこそ千差万別ですが、すべての人が「好きなこと」を仕事にしながら、長く、楽しく働き続けることができるものです。

人生の勝負は後半にあり

人生100年時代において、あなたは長い期間にわたる人生のどの時期の幸福度が、人生全体の幸せにとって重要だと思いますか？

若くして成功したアスリート、芸術家、芸能人、経営者などが、その後寂しい人生を送り、孤独死という形でひっそりとこの世から去っていくという話をよく聞きます。

若い時の華々しい成功は誰もが羨むものですが、それがその人の人生全体の成功を保証するものではありません。

オリンピックの金メダリストが「金メダルでは飯が食えない」と言って、その後、波乱の人生を送ったり、莫大な契約金や年俸を得て活躍していたプロ野球選手が、引退後は覚せい剤を常用して逮捕される人生を送ったりしているのを見ると、いくら若い時に大金を手にする成功を収めても果たして幸せな人生と言えるだろうかと疑問に感じるのです。

人生はマラソン競技と同じで後半が勝負、それも42・195キロメートルの35キロ過ぎからが本当の勝負だと思うのです。

人生100年に置き換えると、だいたい83歳くらいからが本当の「勝負どころ」ということになります。

さすがに男性の場合は、83歳では現在の平均寿命81歳を超えてしまうので、人生90年とすれば、だいたい75歳からが勝負ということです（女性の場合は人生100年が現実になりつつあり、80代からが本当の勝負でしょう)。

私は、「トリプルキャリア」という働き方を提唱しています。ファースト・キャリアが会社員、セカンド・キャリアが定年後の「雇われない働き方」、そしてサード・キャリアが、75歳くらいからの「理想の働き方」で、まさに75歳前後からの「サード・キャリア」が人生で最も大切な勝負の時期ということになるのです。

長い人生の中で、75歳からの終盤に「理想の働き方」ができて、生涯現役で元気に仕事をして社会に貢献し続けることができたら、こんなに幸せなことはないと私は思うのです。

実は『**ライフシフト**』(**東洋経済新報社**)を刊行したリンダ・グラットンさんより遥か前から「人生100時代が来る」と提唱していたのが、前の章でも紹介した講演家で作家の田中真澄さんです。

田中真澄さんは日本経済新聞社に入社して、日経マグロウヒル社（現・日経ＢＰ社）を立ち上げた会社員としての経歴を43歳で捨てて、いずれ人生１００年時代がやってくると確信して、「終身現役」で働けるフリーランスに転身しました。

田中さんは全国を講演して回る日本人初のモチベーショナル・スピーカーとして活動され、そのテーマは一貫して、「人生１００年時代の到来と終身現役の働き方」です。ビジネス書も数多く出版していますが、テーマはすべてこれです。

田中さんが一貫して伝え続けているのが、**「人生１００年時代の到来」、「終身現役」、そして「人生の勝負は後半にあり」の３つ**なのです。

私は20代の頃から田中真澄さんの著書を何冊も読んで共感し、同じ思いを強く持っていましたので、勝負となる人生後半に向けて、フリーランスとして生涯現役で働けるように準備をしてきました。

これまで述べてきた通り、なかなか勇気がなかったために、独立起業ではなく３回も転職という形にとどまってしまいました。

57歳になってやっと子供の教育費にもめどが立ったので、念願の会社員卒業を果たし、フリーランスになれたのです。

人生の幸福度を決める「思考法」と「習慣」

私は「人生の幸福度を決める方程式」があって、それは以下の式だと考えています。

人生の幸福度 ＝ 思考法 × 習慣

あまりに簡単な方程式なので、少し解説が必要ですね。

まず、「幸福度」という言葉ですが、日本で「幸福学」という学問が生まれ、研究されているのをご存知でしょうか？

慶應義塾大学大学院の前野隆司教授が提唱していて、第一人者として有名です。
前野先生によれば、**「幸福」とは英語ではWell-being（いい状態）で、身体のいい状態が「健康」、心のいい状態が「幸福」**です。

さらに、幸福には金・物・地位などの「地位財」と、安心・心・健康などの「非地位財」があって、もちろん両方ともバランスよく持っている方がいいのですが、地位財が短い期間しか幸福が続かないのに対して、非地位財は幸福が長続きすることが分かっているそうです。

つまり、非地位財の方が人生の幸福度という点ではより重要なのです。
詳しくは**『幸せのメカニズム』（前野隆司・講談社現代新書）**を参照してください。

では、長続きする幸福感を高めるにはどうすればよいか？
私は出発点として、「思考法」が最も大切だと考えています。
思考法とは「心構え」と言い換えてもいい。

何に対する思考法が大事かと言えば、最も大事なのは「仕事」に対する思考法です。

つまり、「仕事＝嫌なこと」なのか、「仕事＝楽しいこと」なのかという「仕事観」です。働くことが嫌なことなのか、働くことは楽しいことなのか、という「労働観」とも言えます。

よく「仕事をしてもらう給料は我慢料だ」という人がいます。

やりたくない仕事をしたり、嫌な上司の命令にも従って理不尽な扱いを受けたりする仕事の我慢料という考え方です。

「給料は朝から満員電車での通勤に耐え、自分の時間を切り売りし、会社でストレスを感じながら働く対価だ」と受け止めているのです。

これが「仕事＝嫌なこと」という思考法です。

実は、日本の会社員は、こうしたネガティブな仕事観を持つ人の割合が先進国では世界一高いそうです。

一方、「仕事＝楽しいこと」という仕事観や労働観の人とは、どんな人たちでしょうか？

会社員であっても企業のトップにまで出世した人は「仕事＝楽しいこと」という思考法です。とくにオーナー企業の創業経営者は仕事が楽しくて仕方がないという人が多いのです。

もちろん成功して伸びているオーナー企業の経営者は、ということです。

会社は自分の分身で「身体の一部」みたいな感覚なので、365日働いているし、24時間仕事のことを考えているような思考法です。

でも仕事が楽しいから疲れないし、喜んで働いています。

あなたは意外に思うかも知れませんが、**小さな企業やお店の経営者、フリーランス（個人事業主）の人でも、「仕事＝楽しい」という思考法の人は数多くいます。**

またそういう人はだいたい事業も伸びてうまくいっているケースが多いものです。

世界随一の世論調査会社であるギャラップ社が、50年以上に及ぶ幸福の調査・研究でわかった「充実した人生を送る確かな方法」として、世界150カ国調査で共通する「5つの要素」を明らかにしています。

ギャラップ社元幹部のトム・ラスとジム・ハーターが共著として刊行した『**幸福の習慣**』（**ディスカヴァー・トゥエンティワン**）に詳しく解説されていますが、それは以下の5つの要素です。

1. 仕事の幸福
2. 人間関係の幸福
3. 経済的な幸福
4. 身体の幸福
5. 地域社会の幸福

この中でも最も重要で、他の4つの幸福の根幹をなすものが、1番目の「仕事の幸福」であると同書では解説されています。

「仕事の幸福」とは、仕事に情熱をもって取り組んでいる状態、ということです。

ギャラップ社の幸福度調査によれば、「仕事の幸福度」が高い人は、そうでない人に比べて、「自分はすばらしい人生を送っている」と思う割合が2倍も高いそうです。

仕事に対する思考法を決めるのは「自己決定感」

では、社長やオーナー経営者、フリーランスに「仕事＝楽しいこと」という仕事観、労働観、すなわちポジティブな思考法の人が多く、日本の多くの会社員は「仕事＝嫌なこと」というネガティブな思考法になってしまうのはどうしてでしょうか？

その差を生み出す決定的な要因とは何だと思いますか？

それは先ほども述べた「自己決定感」だと私は考えています。

仕事の中味や進め方、その他働く場所や時間など、すべて自分で決めることができるのが社長や経営者です。

個人事業として働いているフリーランスであっても、「好きなことを仕事にする」と自分で決めて実行しさえすれば、仕事は楽しくなるものなのです。

もっと分かりやすく言えば、「雇われない働き方」で、きちんとお金が稼げれば、誰でも「仕事＝楽しいこと」になるでしょう。

私も新卒で銀行に入ってから3回転職をして4社で、合計33年8カ月を会社員として働いた後、5年前にフリーランスになりましたが、5年前から仕事観・労働観が180度変わりました。

雇われない働き方で、自分が仕事の内容、進め方、働く場所や時間を決められるという形になると、仕事がほんとうに楽しいのです。

もはや楽しい仕事しかしないという選択も可能になってきたので、私の仕事は100％楽しいことになっています。

その代わり1年365日働いていて、丸1日休むという休日は1日もありません。

それでも楽しいことをしているのでまったく疲れないし、24時間仕事のことを考えながら楽しんでいます。

自分の仕事はすべて自分が決めるという「自己決定感」が、これほど仕事観・労働観に影響するとは私も正直、独立起業するまで分かりませんでした。

どこの会社の社長も元気で何時間も活き活きと働く理由が、やっとわかったのです。

もちろん、経営者やフリーランスでも仕事の悩みや困ったことは日々、起きてきます。でもすべてを自分で決め、自分で責任を取る立場なので、それもまた楽しんで行うことができるのです。

では雇われている会社員が「仕事＝楽しいこと」という仕事観を持つことはできないかと言えば、決してそんなことはありません。

全ての会社や職場で「嫌な仕事」をさせられるわけではありませんし、理不尽な上司ばかりというわけでもないでしょう。

ただ大事なのは、命じられた仕事であっても、自ら決定して行うのだという「自分ごと」として捉える覚悟や責任感を持てるかどうかです。

多くの仕事には裁量権というものがあるので、「自己決定感」を感じられる仕事の進め方や心構えをつねに持っておくことが仕事が楽しくなる秘訣です。

さらに、会社の中でのキャリアも自ら作っていくのだという「キャリア自律」の思考を持ち続けておくことも大切でしょう。

習慣とは「行動の継続力」

では人生の幸福度を決めるもう一つの要素である「習慣」について解説しましょう。

先ほど説明した仕事における「自己決定感」を持てる「雇われない働き方」を実現するために、最大のキーになるポイントが「習慣」である、と私は考えています。

つまり、「思考法」と「習慣」は掛け算のように相互作用を及ぼし、相乗効果を発揮するものだと理解してください。

どちらかが欠けると機能しないし、両方が揃ってくると加速度的に成果が出て、人生の幸福度は高まります。

私はキャリア形成やキャリア開発という時に、人生の幸福度を高めるという観点で言えば、**「長く稼ぎ続けること」「長く働き続けること」**が最も重要で、そのための経験、知識、スキルを身につけていくことがキャリア開発だと捉えています。

これこそが、人生の幸福度を高めるキャリア開発です。

したがって、「キャリアを作るための原理原則」とは、私流に表現すれば以下のようになります。

キャリア開発の原理原則＝できるだけ長く働き続け、稼ぎ続ける能力を養うこと

長く稼ぎ続けるには他の人材に取って代わられない「オンリーワンの存在」になることがポイントです。

リクルート出身で、民間人初の公立中学校校長を経験し多方面で活躍している藤原和博さんが著書『100万人に1人の存在になる方法』（ダイヤモンド社）で提唱している「3つの専門性」を組み合わせて希少価値のある存在になる方法が王道です。

物事を習得する際の有名な法則で「1万時間の法則」というのをご存知でしょうか？

ピアノでも書道でも英会話でも何でもいいのですが、**1つの分野で専門家と呼ばれるレベルになるには概ね1万時間の修業や訓練を続ける必要がある**、という法則です。

逆に言えば、1万時間集中して取り組めば、その分野に関しては少なくとも100人に1人（1％の希少価値）くらいの専門家にはなれるということです。

1万時間といえば、毎日2〜3時間の取り組みで約10年間、毎日5〜6時間取り組むと5年間で習得できるボリュームです。

私たちには誰でも1日24時間が与えられ、睡眠8時間、平日は仕事に8時間とすると残りの自由時間は8時間、土日は16時間になります。

つまり1週間で72時間の自由時間がある中で、この時間をどう過ごすかということ。

このうち半分強の時間を1つの専門性の勉強や訓練に充てれば5年で習得できますし、4分の1強の時間を使えば10年で習得できる計算です。

習慣というのは「毎日の行動の積み重ね」であり、行動の継続力であると私は考えています。

まず行動を起こすこと、そしてそれを継続すること。

これが上手くできる人の特徴は、**第一歩を踏み出すハードルや継続するハードルを低く緩く設定していることです。**

それともう一つ大事なのが、**継続したその先をイメージしていること。**

1万時間継続した後の世界や、さらにもう1万時間、別の専門性に取り組み習得した後の世界。

「3つの専門性」を組み合わせてオンリーワンになるキャリア戦略を、藤原和博さんは「クレジットの三角形」と呼んでいます。

ホリエモンやキングコングの西野亮廣さん、オリエンタルラジオの中田敦彦さんが、この「クレジットの三角形」を実践したと著書で述べています。

『多動力』（堀江貴文・幻冬舎文庫）、『新・魔法のコンパス』（西野亮廣・角川文庫）、『労働2・0やりたいことして食べていく』（中田敦彦・PHP研究所）を参照してください。

また著名なファンドマネージャーの藤野英人さんも著書『投資家みたいに生きろ』（ダイヤモンド社）で、5つの分野で8割の出来を目指して「5つの専門性」を組み合わせて巨大な富士山に対抗する「八ヶ岳戦法」を提唱しています。

これも同じ発想のキャリア戦略です。

ポイントは、複数の専門性を組み合わせることによって、他の人にはない「希少価値のある存在」「オンリーワンの存在」になることで、雇われない働き方により、長く稼ぎ続けることができるキャリアを作ることです。

例えば、１つの専門性で１００人に１人の希少性を獲得したとすれば、３つの専門性を組み合わせることにより、**１／１００×１／１００×１／１００となって、１００万人に１人の希少性を持つ「オンリーワンの存在」になれます。**

藤原和博さんによれば、これはオリンピックのメダリスト級の希少性だそうです。１つの種目を極めてオリンピックでメダルを取るのは本当に大変で、才能も努力も並大抵ではないでしょうが、それに比べると、１万時間の集中した取り組みを3回やって、３つの専門性を組み合わせることによって１００万分の１の希少性を獲得することは誰でもできる、と藤原さんは提唱しています。

私もまったく同意見で、キャリア開発の肝は「希少性」にあるのです。

その正反対が、瀧本哲史さん（故人・元京都大学准教授）が警鐘を鳴らす「コモディティ人材」です。

コモディティとは代替可能な汎用品のことで、「コモディティ人材」とは簡単にとって替わられる人材ということです（『僕は君たちに武器を配りたい』（瀧本哲史著・講談社）参照）。

替えがきく人材なので当然、安く買い叩かれてしまうのです。

このように、習慣は自分をオンリーワンの存在にしてくれる大切なものなのです。

長く稼ぎ続けるための基盤は「健康」

「習慣」についてはもう一つの重要な側面があります。

長く働き続け、長く稼ぎ続けるための基盤として、最も大切な要素が「健康」です。

とりわけ、睡眠・食事・運動の習慣がポイントになります。

1日24時間をどう配分して使うかが人生そのものとも言えます。

現役で働く会社員の場合、睡眠8時間、仕事8時間（昼食含む）、朝夕の食事・運動・

自由時間の合計が8時間というのが理想的な時間配分でしょう。

この時間配分を定年後もずっと変えずに生活する習慣が健康には最もいいと言われるようになっています。

人間の生活にはリズムが重要で、身体面のみならず「心の健康」にもリズムが大切なのです。例えば、「健康寿命を延ばす最もいい方法は何か」という質問を知り合いの医師50人にした方がいます。

その答えは50人全員が「働き続けること」と答えたそうです。

出口治明さんのベストセラー**『還暦からの底力』（講談社現代新書）**にて紹介されています。

また最近出版されたばかりの本で、認知症専門医の長谷川嘉哉さんが著した**『一生稼げる脳の作り方』（KADOKAWA）**でも、フランスの国立保健医学研究所（INSERM）がまとめた「認知症発症率に関する報告書」において、「脳を若く健康に保つ秘訣は働くことである」と結論付けたことを紹介しています。

著者の長谷川嘉哉さんは、臨床現場に身を置く認知症専門医として、以下の意欲が高い人ほど、脳の認知機能が低下しにくいと考えている、と述べています。

- **仕事に対する意欲**
- **お金を稼ぐことに対する意欲**
- **お金を自分で管理しようとする意欲**

認知症を発症すると、日常の金銭が絡む作業を成し遂げる能力や、金銭を管理する能力を失うこともわかっているそうです。

したがって、長谷川さんは、①認知症を予防するため、②老後貧困に陥らないため、という2つの理由から、生涯稼ぎ続けること、生涯働き続けることを推奨しています（同書13～14ページ）。

長く働き続けることについては、先にも紹介した『**定年後不安 人生100年時代の生き方**』（**角川新書**）でも、「トリプルキャリア」という考え方で実践すべきだと強く提唱していることです。

ぜひ併せて読んでみてください。

本章の最後に、『**時間とムダの科学**』（**プレジデント社**）という本の中で、経営コンサルタントの大前研一さんが述べている「人間が変わる方法は3つしかない」という言葉をもう一度紹介しておきます。

以下の3つです。

1. 時間配分を変える
2. 住む場所を変える
3. 付き合う人を変える

人間はこの3つの要素でしか変わらないと言います。

そして大前さんは、「時間、場所、友人の中でどれか1つだけ選ぶとしたら、時間配分を変えることがもっとも効果的なのだ。」と述べています。

日々の時間配分を変えることこそ、すなわち「習慣」を変えることにほかなりません。

あなたにもぜひ、「思考法」と「習慣」を変えることで、長く働き続けられるキャリアを作り、幸福な人生を送っていただきたいです。

そして、長く働き続けられる働き方こそ、好きなことを仕事にする「定年ひとり起業」なのです。

第6章のポイント

◆「定年ひとり起業」はハードルの低い選択肢である

◆人生の勝負は後半にあり。人生90年なら75歳から、人生１００年とすると83歳からが本当の「勝負どころ」になる

◆人生の幸福度 ＝ 思考法 × 習慣
思考法では「仕事＝楽しいこと」という仕事の幸福が最も大事
習慣では、時間配分やリズムなど「行動の習慣」がポイント

◆３つの専門性を組み合わせて１００万分の１の「希少性のある人材」になれば長く稼ぎ続けることができる、代替されるような「コモディティ人材」になってはいけない

第7章

アフター・コロナは「幸福学」で働く

～なぜ長く働き続けると幸せになるのか?

「定年ひとり起業」なら楽しく働ける

2020年はまったく予測もしていなかった新型コロナウイルス感染症のパンデミック（世界的大流行）で世界経済は大打撃を受け、東京オリンピックも延期に追い込まれてしまいました。

日本でも数多くの企業が経営危機に陥り、倒産や失業は2021年に入っても増え続けています。

そうした中で、多くの企業でテレワークという新しい働き方が拡がり、会社員の一人ひとりが「働くことの意味」や自分の人生について改めて考え始めています。

これまで日本企業に根強く残っていた年功序列、終身雇用は完全に崩壊し、会社に自分の人生のすべてを託してしまうことはあまりにもリスクが大きいと感じる人が多くなってきているのです。

では私たちは先が読めない時代に、生きていくための仕事をどのように捉え、自らの人生をどう切り拓いていけばいいのでしょうか？

その答えは「幸福学」にある、と私は考えています。

前章で、人生の幸福度は「思考法」と「習慣」の掛け算で決まると述べました。その思考法として、前野隆司・慶應大学大学院教授が提唱する「幸福学」を紹介しました。

幸福度の高い人はどんな思考法をするのかが科学的に測定できるようになっており、前野教授によれば以下の「幸せの４つの因子」がある、としています（前掲『**幸せのメカニズム**』を参照）。

1.「やってみよう！」因子（成長と自己実現の因子）
2.「ありがとう！」因子（つながりと感謝の因子）
3.「なんとかなる！」因子（前向きと楽観の因子）
4.「あなたらしく！」因子（独立とマイペースの因子）

前野教授らのその後の研究で、幸せの因子についての表現は少し変わりつつありますが、上記4つが基本になることは変わっていません。

私は、人生後半になる50代以降は、「定年ひとり起業」という働き方で、上記4つの「幸せの因子」を心に持ちながら、できるだけ長く働くという人生設計が最も幸せな人生になる、と確信しています。


前野教授とベストセラー作家の星渉さんの共著『99・9%は幸せの素人』(KADOKAWA)では、ヨーロッパの知識人の間で有名になっている「IKIGAIベン図」を紹介・解説しています。

次のページにある図です。

この図は「生きがい＝IKIGAI」とは何なのか、私たちの人生における「幸せの正体」とは何なのかを表す図です。

図を見ると、私たちの「究極の生きがい」とは、次の4つの円が重なる部分だと分かります。

IKIGAI ベン図

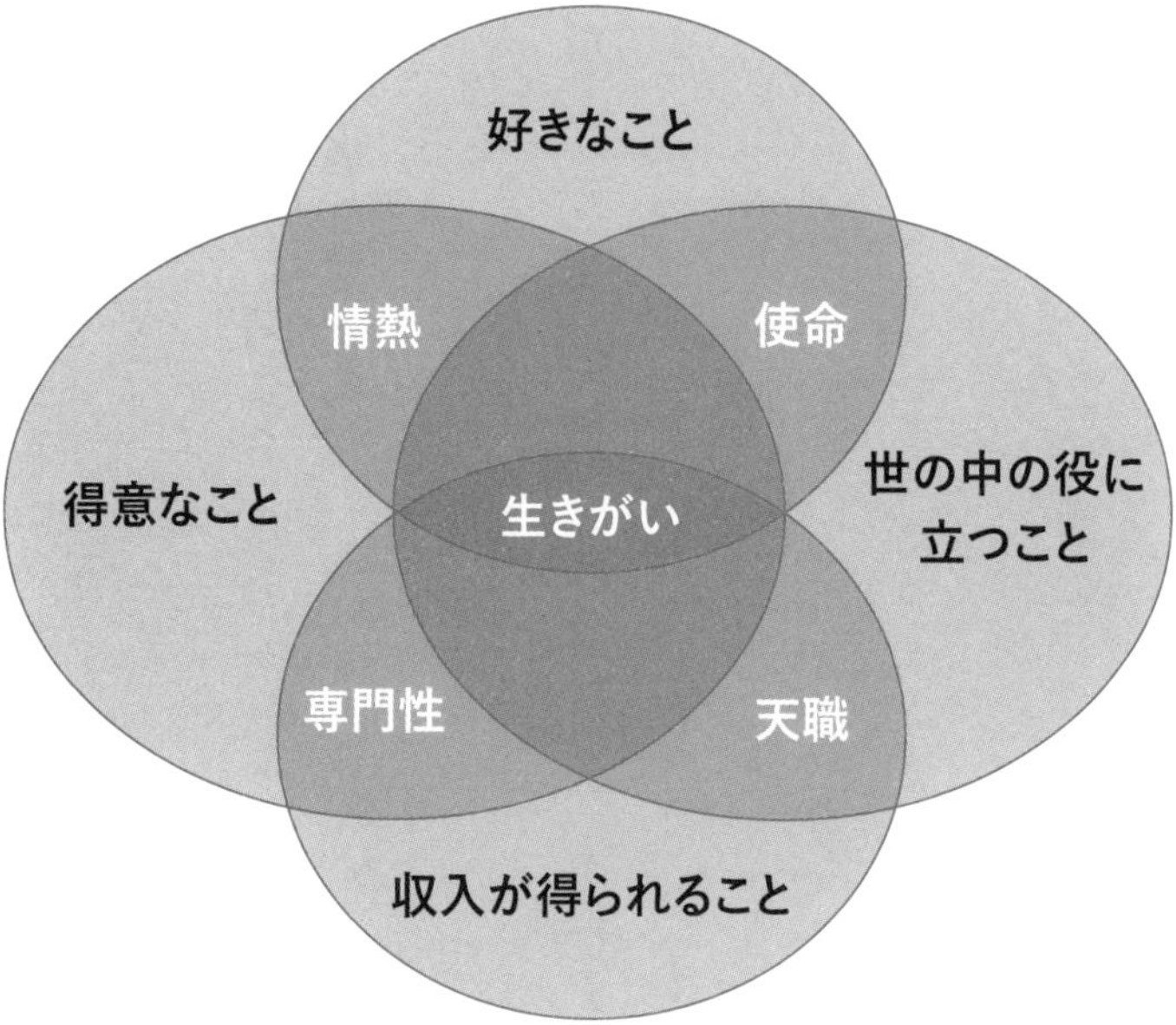
好きなこと
情熱
使命
得意なこと
生きがい
世の中の役に
立つこと
専門性
天職
収入が得られること

1. 好きなこと
2. 得意なこと
3. 世の中の役に立つこと
4. 収入が得られること

まず、「好きなこと」と「得意なこと」が重なる部分が「**情熱**」。

「好きなこと」と「世の中の役に立つこと」が重なる部分が「**使命**」です。

そして「得意なこと」と「収入が得られること」が重なるのが「**専門性**」、「世の中の役に立つこと」と「収入が得られること」が重なる部分が「**天職**」になります。

そして、4つすべてが重なる部分が「**生きがい**」なのです。

この図はすごくよくできていて、まさにその通りだと私は納得しました。

「定年ひとり起業」という働き方が目指すものは、まさにこの「生きがい」コンセプトと同じです。

「好きなこと」「得意なこと」「世の中の役に立つこと」「収入が得られること」の4つが重なることを仕事にして、楽しんで働くというのがコツです。

私が「生涯現役」で、ボランティアや趣味の活動ではなく、「稼ぐこと」「プロとしての活動」にこだわるのは、収入を得ることが「生きがい」に繋がるからです。

アドラー心理学では「生涯貢献」を提唱していますが、社会への貢献の証が、その対価である収入だと私は思うのです。

収入は金額の多寡ではなく、少ない金額でも長く稼ぎ続けることに大きな意義があると私は考えています。

老後マネープランのところで紹介した経済コラムニストの大江英樹さんは、登壇したセミナーで「50代になったら成仏しなさい」と呼び掛けています。

成仏という意味は、「終身雇用を前提とした会社の中で、出世を目指してやりたくない仕事を我慢して行ったり、上司へのゴマすりにエネルギーを使ったりするのを辞めて、いつまでも会社人生にこだわらないで新しい人生に向かって気持ちを切り替え準備しなさい」ということです。

大江さん自身も50代で成仏したそうですが、私も全く同感です。

私の場合は初めて転職した40代半ばですでに成仏していた、と言えるかも知れません。

アフター・コロナ時代は、個人による情報発信を！

アフター・コロナ時代は、人の移動や人との接触に大きな制約が続く時代であり、完全に元に戻ることはないと見られています。

デジタル化、リモート化、オンライン化はビジネスでも私たちの生活でもさらに加速することになるでしょう。

あらゆる商品分野で、オンライン活用がメインになりつつあります。

店舗での売上が落ち込む一方で、Ｅコマースでは売上が伸び続けています。
インターネットによる情報発信はコストが低いため、個人でも手軽に情報発信ができるようになりました。

これからは、「定年ひとり起業」でも、大きな投資をして店舗を構えたりする必要がなく、自宅を事務所にしながら、テレワークと同じような形で仕事をし、ブログやＳＮＳを活用することで情報発信をすることが可能になりました。

ポイントは、好きなこと、得意なことを仕事にしながら、社会に求められているニーズをしっかり摑んで、価値ある専門的な情報を発信し続けることです。

継続することで認知度が高まり、あなたのファンが増えていくことになるでしょう。
ファンがある程度の人数になれば、そこに収入を生み出すビジネスモデルの構築ができます。

私の起業体験を紹介した第４章でも述べましたが、個人事業はすぐに結果が出ることは稀で、平均すると2年間くらいはほとんど成果が出ないと私は感じています。

それでも継続してさえいれば必ず成果が出る日が来るでしょう。

結果が出ない期間でも楽しく働き、情報発信を継続できるようにするために「好きなこと」「得意なこと」を仕事にするのです。


そうすればいずれ、その仕事は「世の中の役に立つこと」になり、「収入が得られること」になって、4つが重なる「究極の生きがい」になっていくでしょう。

だから、4つは一気に重なるわけではなく、まずは「好きなこと」と「得意なこと」が重なる「専門性」を見つけて、それが「社会に役立つこと」になるまで継続することがポイントなのです。


私は50代の会社員から定年後のキャリア相談を受けた時にいつも、「昔取った杵柄《きねづか》では飯は食えない」とお話しします。

そのココロは、社会のニーズは常に変化し、自ら培ってきた経験・知識・スキルはそのままでは社会に役立つことはなく、変化し続ける世の中のニーズに合わせてつねにブラッシュアップしていくことが不可欠だ、ということです。

社会人の学び直しを「リカレント教育」と言いますが、つねに学び直すことにより、自分の「専門性」に磨きをかけていなければ、そのままでは稼ぐことなどできません。

私の場合は、ビジネス書の多読とブログによる書評のアウトプットがそれに当たります。

ビジネス書のテーマは、それこそ世の中のニーズが色濃く反映され、売れる本を見れば消費者のニーズがどこにあるのかがよく分かります。

大学や大学院に入り直すことだけがリカレント教育ではありません。

オンライン教材で学んだり、ＹｏｕＴｕｂｅ動画で情報収集したり、様々な学びの方法があります。社会の変化に対する知的好奇心と行動が大切です。

定年後はのんびり余生ではなく、ますます学び、好きなことでますます稼ぐというのが幸せな後半人生になるのではないでしょうか。

新型コロナで大きく変化した現在は、人々のニーズも変化し多様化して、世の中のビジネスモデルが大転換を求められるため、ピンチをチャンスに変える絶好の時期ではないかと思います。

働くから健康になる、健康寿命が延びる!

最後に、幸せな人生のベースになる「健康」について述べておきます。

拙著『定年後不安 人生100年時代の生き方』(角川新書)で私が紹介した「75歳の壁」をここで詳しく説明します。

75歳以上の高齢者を「後期高齢者」と呼んでいますが、それには意味があります。75歳を境に、一人当たり医療費が急激に増えていくのです。

つまり、75歳という年齢は健康状態や体力面で分岐点になる年齢ということです。

日常生活を制限なく送れる「健康寿命」が男性72歳、女性74歳であることからも、だいたい75歳前後に壁があることが分かります。

では、その壁を乗り越えて健康な生活を続けるためのポイントは何か。

私は「健康だから働く」のではなく、「働いているから健康なのだ」と考えています。

また、最新の脳科学の研究結果でもそれが裏付けられていると思うのです。

健康寿命は「要介護」の状態になったときに訪れるわけですが、介護保険の認定に使われる「要支援」や「要介護」という判定基準をあなたはご存知でしょうか？

親の介護などを経験した人には常識ですが、「要支援」が1、2の2段階、「要介護」が1～5の5段階の計7段階で判定されます。

そして最も大きな分かれ目が「要支援2」と「要介護1」との境で、それはズバリ、認知症かどうかということなのです。

身体上の不自由がかなりあったとしても、認知症がなく脳がしっかりしているならば「要介護」にはならず、「要支援2」止まりなのです。

何らかのサポートが必要になれば「健康寿命」という意味では、認知症ではない「要支援」の状態でも健康寿命に達しているわけですが、より大きなサポートが必要となる「要介護」となれば、サポートや介護費用のレベルが全く違ってくるのです。

そういう意味で、働くことが認知症予防の最善の方法と提唱している認知症専門医・長谷川嘉哉博士の説に私は全面的に共感しています（前掲『一生稼げる脳の作り方』（KADOKAWA）参照）。

この本を読んで、「生涯現役で働き続けること」こそ、認知症にならない最高の健康法だと私はさらに確信を深めました。

そしてそれは「定年ひとり起業」により誰でもきっと実現できると思うのです。

第7章のポイント

◆「好きなこと」「得意なこと」「世の中の役に立つこと」「収入が得られること」の４つが重なる「究極のいきがい」（＝ＩＫＩＧＡＩ）を見つけよう

◆「定年ひとり起業」をして生涯現役で働き続けることで、認知症にもならず健康を維持できる

◆昔取った杵柄では飯は食えないので、つねに世の中のニーズを学び続けることが大切で、だからこそ「生涯貢献」も実現できる

おわりに

本書を最後まで読んでいただき、ありがとうございました。

ここまで読んできたけれども、どうしても「定年ひとり起業」に踏み出す勇気が持てない人のために、とっておきの方法をメッセージとしてお届けします。

それは、「定年ひとり起業」をパートナーも巻き込んだ、夫婦の共同事業として取り組むことです。

我が家は長男（31歳）と長女（24歳）の二人の子どもを育ててきましたので、教育費のかかる40代から50代にかけては独立起業を言い出せる雰囲気ではありませんでした。間を空けない転職ですら家族を説得するのに大変な苦労をしてきました。

そんな中で２０１５年に57歳の時、「ひとり起業」の構想を妻に話しました。

当時、長男は社会人として独立、長女は大学生で卒業まであと3年で、ようやく教育費の終わりが見え始めていた時期でした。

それでも妻の反対は尋常ではありません。予想はしていましたが、ここまでの抵抗とは思いませんでした。

そこで私が考え出したのが、元銀行員のビジネス書作家である坂下仁さんが著書で提唱していた「妻社長メソッド」です。

妻を社長とする合同会社をファミリーカンパニーとして設立し、私はその外注先としてフリーランス（個人事業主）として仕事をするというスキームです。

これはほんとうにメリットがあります。

何よりもいいのが、夫婦で毎日、仕事として会話や相談ができること。

細かい日々の仕事の処理についての打合せもあれば、将来の人生設計にかかわる大事な相談もあります。

仕事と遊びも含めた人生全体が一体となっているので、我がファミリーカンパニーでは「休日」という概念が一切なくて創業以来、1年365日すべてが営業日で年中無休です。

それでもすべての仕事が100%好きなことなので、働くことが楽しくて仕方ありません。

会社の決算が10月末、私の個人事業は12月末決算なので、夏の終わりぐらいから年度内の設備投資をどうするか、来年度の事業計画をどうするかで喧々諤々の議論を夫婦で毎日のようにしています。

どちらかと言えば、私が積極投資派、妻が内部留保重視の慎重派なので、議論を戦わせることでちょうどいいバランスが取れるのです。

今年度の中心テーマは、「終の棲家」を展望した役員社宅の移転や新規事業に向けた投資金額とタイミング。

起業して6年目になりますが、テーマが尽きることはありません。

独立起業するときに最大の障害になるのは身内（とくに家族）の反対と言われています。

そのピンチをチャンスに変える方法が、「妻社長メソッド」を活用した夫婦の共同事業なのです。

この形態で事業をしていると、夫婦どちらが先に亡くなっても相続や生活の心配をする必要がありません。

深い話はご興味ある方には個別で相談に乗らせていただきますが、社長である妻には当然、役員報酬が入りますし、会社として所有する資産もあります。

我が家の場合は妻が専業主婦だった期間が長いため、私に比べて年金額が少ないという弱点がありました。

したがって、私が先に亡くなった場合に妻のおひとりさま生活に不安がありましたが、それも起業して5年でほぼ解消してしまいました。

こうした様々な会話や相談は、土日も含めて経営会議、打ち合わせとして行います。時には伊豆にある私の事務所で行ったり、レストランで外食をしながら行ったりしています。

海を眺めながら、お互いの人生の夢を時々、夫婦で語り合うのはなかなかいい時間です。

会社員として長い勤務経験を持つ皆さんには、「定年ひとり起業」として長く働き続けるための「仕事のネタ」や「専門性」が必ずあるものです。

厚生年金の終身受給が約束されている会社員が年金プラスアルファの収入を稼ぐための「定年ひとり起業」のハードルは思っているよりずっと低いものです。

ぜひ本書をきっかけに、ひとりでも多くの会社員の方々が「定年ひとり起業」に踏み出し、幸せな後半の人生を送っていただけたら、著者としてこの上ない喜びです。

最後になりましたが、本書を世に出すことができたのは、自由国民社・編集担当の三田智朗様をはじめ関係者の皆様、およびインタビュー取材を快諾いただき、貴重な起業体験をお話しくださった木村勝様、高橋和子様、高伊茂様のおかげです。

改めて御礼申し上げます。ありがとうございました。

参考文献一覧

『最軽量のマネジメント』（山田理・サイボウズ式ブックス）
『定年後不安 人生100年時代の生き方』（大杉潤・角川新書）
『入社３年目までの仕事の悩みにビジネス書10000冊から答えを見つけました』
（大杉潤・キノブックス）
『銀行員転職マニュアル 大失業時代に生き残る銀行員の「３つの武器」を磨け』
（大杉潤・きずな出版）
『ライフシフト』（リンダ・グラットン・東洋経済新報社）
『幸せのメカニズム』（前野隆司・講談社現代新書）
『99.9％は幸せの素人』（星 渉・前野隆司・KADOKAWA）
『幸福の習慣』（トム・ラスほか・ディスカヴァー・トゥエンティワン）
『100万人に１人の存在になる方法』（藤原和博・ダイヤモンド社）
『多動力』（堀江貴文・幻冬舎文庫）
『新・魔法のコンパス』（西野亮廣・角川文庫）
『労働２.０ やりたいことして食べていく』（中田敦彦・PHP研究所）
『投資家みたいに生きろ』（藤野英人・ダイヤモンド社）
『還暦からの底力』（出口治明・講談社現代新書）
『一生稼げる脳の作り方』（長谷川嘉哉・KADOKAWA）
『時間とムダの科学』（大前研一ほか・プレジデント社）
『七つの習慣』（スティーヴィンＲコヴィー・キングベアー出版）
『ゾーン－相場心理学入門』（マーク・ダグラス・パンローリング社）
『絶対成功「好きなこと」で起業できる』（三宅哲之・明日香出版社）
『ノマドワーカーという生き方』（立花岳志・東洋経済新報社）
『いますぐ妻を社長にしなさい』（坂下仁・サンマーク出版）
『とにかく妻を社長にしなさい』（坂下仁・サンマーク出版）
『働けるうちは働きたい人のためのキャリアの教科書』（木村勝・朝日新聞出版）
『知らないと後悔する定年後の働き方』（木村勝・フォレスト新書）
『週末起業』（藤井孝一・ちくま新書）
『サラリーマンの新ライフワークの見つけ方』（井上富雄・主婦と生活社）
『気持ちの切り替えがうまい人』（本多信一・成美文庫）
『ボケない片づけ 一生自分で片づけられる５つのステップ』
（高橋和子・CCCメディアハウス）
『「捨てる！」技術』（辰巳渚・宝島新書）
『成功者の告白』（神田昌典・講談社＋α文庫）
『はじめの一歩を踏み出そう－成功する人たちの起業術』
（マイケルＥバーガー・世界文化社）
『定年を楽園にする仕事とお金の話 45歳からそなえる「幸せ老後」のキホン』
（高伊茂・ぱる出版）
『１週間で「話力」を磨く本』（永崎一則・知的生きかた文庫）
『人生の勝負は後半にあり』（田中真澄・ぱるす出版）
『家族という病』（下重暁子・幻冬舎新書）
『資産寿命』（大江英樹・朝日新書）
『定年前、しなくていい５つのこと』（大江英樹・光文社新書）
『お金は寝かせて増やしなさい』（水瀬ケンイチ・フォレスト出版）

■プロフィール

大杉 潤（おおすぎ じゅん）

1958年東京都生まれ。フリーの研修講師、経営コンサルタント、ビジネス書作家。

早稲田大学政治経済学部を卒業、日本興業銀行に22年間勤務したのち東京都に転職して新銀行東京の創業メンバーに。人材関連会社、グローバル製造業の人事、経営企画の責任者を経て、2015年に独立起業。

年間300冊以上のビジネス書を新入社員時代から39年間読み続け累計１万冊以上を読破して、約2,500冊の書評をブログに書いて公開している。

静岡放送SBSラジオ『IPPO』に毎月レギュラー出演のほか、NHK『あしたも晴れ！人生レシピ』、テレビ朝日『スーパーＪチャンネル』に出演。

妻が社長の合同会社ノマド＆ブランディング・チーフコンサルタント、株式会社HRインスティテュート・アライアンスパートナー、リ・カレント株式会社・プロフェッショナルパートナー、株式会社カインドウェア顧問。

著書に『入社３年目までの仕事の悩みに、ビジネス書10000冊から答えを見つけました』（キノブックス）、『定年後不安 人生100年時代の生き方』（角川新書）、『銀行員転職マニュアル 大失業時代に生き残る銀行員の「３つの武器」を磨け』（きずな出版）がある。

WEBサイト　http://jun－ohsugi.com/

定年起業を始めるならこの1冊！
定年ひとり起業

2021年３月25日　初版第１刷発行
2023年11月30日　初版第５刷発行

著　　　者　　大杉　潤

カバーデザイン　小口翔平＋奈良岡菜摘（tobufune）
Ｄ　Ｔ　Ｐ　　有限会社 中央制作社
編　　　集　　三田智朗
営　　　業　　横井奈美

発 行 者　石井　悟
発 行 所　株式会社 自由国民社
〒171-0033 東京都豊島区高田3丁目10番11号
電話 03-6233-0781（営業部）　03-6233-0786（編集部）
https://www.jiyu.co.jp/
印 刷 所　奥村印刷株式会社
製 本 所　新風製本株式会社

 ISBN 978-4-426-12692-6